YANGGUANG

RENSHENG DE XINGFU SHENGHUO

阳光人生的幸福生活

探求幸福的真谛

尹楠 

吉林出版集团有限责任公司

图书在版编目（CIP）数据

阳光人生的幸福生活：探求幸福的真谛 / 尹楠编著. -- 长春：吉林出版集团有限责任公司，2012.8

（阳光人生书系）

ISBN 978-7-5534-0522-3

Ⅰ. ①阳… Ⅱ. ①尹… Ⅲ. ①幸福—青年读物②幸福—少年读物 Ⅳ. ①B82-49

中国版本图书馆CIP数据核字(2012)第212269号

阳光人生书系

阳光人生的幸福生活：探求幸福的真谛　尹楠　编著

出　　版：吉林出版集团有限责任公司

地　　址：吉林省长春市人民大街4646号

电　　话：0431-86037602

传　　真：0431-85678550

出 版 人：吴　红

主　　编：张敬华　李囿欣

责任编辑：宋凤红　李　川

封面设计：徐　震

法律顾问：赵亚臣

发　　行：吉林出版集团青少年书刊发行有限公司

电　　话：0431-86037637

制　　版：亿杨文化

印　　刷：河北省三河市国新印装有限公司

开　　本：720×1000毫米　1/16

印　　张：10

字　　数：87千字

版　　次：2012年8月第一版

印　　次：2012年8月第一次

定　　价：21.00 元

ISBN　978-7-5534-0522-3

编者的话
——做自己的主人

亲爱的读者朋友们，首先祝贺你们在繁重的学业压力下，在繁忙的工作之余博览群书，为自己的精神生活加油充电。正是因为你们懂得课外阅读、工余阅读的意义，懂得博览群书是获得智慧的有效手段，是智者的不二选择，我们才有了可贵的交流机会。

我们都知道，干旱地区的植物有着发达的根系，为汲取营养和水分，这些根系深深地扎根于碎石沙土之中。人生的青少年时代就像这些植物一样，在吮吸着人类精神财富和智慧财富的同时也接受着日光的照耀和风雨的洗涤，并在不远的将来履行历史赋予给你们的使命——创造一个新世界。

历史告诉我们，青少年的未来之路既有鲜花，也有密布的荆棘；既能收获到生活的温馨和甜蜜，也能感受到激烈的角逐和竞争，正是这五彩斑斓的生活给予了你们人生的机遇，为你们的人生创造了宝贵的机会。我们针对青少年成长的需要，编撰了此套丛书，丛书从历史、哲学、文学、心理学、科学、伦理等诸方面，收集了大量事例，大凡涉及前贤关于成长和智慧方面的经典故事都网罗在丛书内，以此为青少年朋友们指点前路。

我们为这套丛书取了个富有诗意的丛书名：阳光人生书系。

编者希望这套丛书能够帮助你们驱散阴霾，穿透迷雾，使每位读者的心中都充满太阳的光华，期待着你们人生旅途中的火炬越燃越旺，让你们真切地感受到未名之路的宽广与通达，感受到前进道路上的障碍一旦被跨越就是成功，感受到做最好的自己、做自己的主人的欣慰。本丛书试图让阅读者通过故事走近巨人，通过了解巨人的经历感悟人生、体味生活、丰富阅历，从而把握好自己的人生方向，希望你们能够站在历史的高度、站在巨人的肩膀上瞭望前路，最终超越你们的前辈，承担起历史的责任，做人类文明的传承者与开拓者。

同时，编者也希望你们和高度关注你们的家长或老师共读此书，请他们和你们一起从新的视角探讨人生、规划人生，使你们在今后的学习和生活中收获更多的快乐与幸福并大踏步地迈向充满阳光的坦途。

编　者

2012年6月2日

目录 contents

第一章
解读幸福

1.对幸福的不同诠释 …… 2
2.平淡、简单也是幸福 …… 6
3.财富、权力、地位不等于幸福 …… 12
4.幸福可以自己创造 …… 17
5.追求幸福是生活的动力 …… 21
6.淡看得失，笑看成败 …… 23
7.学会满足，幸福常在 …… 26
8.心中有爱，幸福在手边 …… 30

第二章
幸福是拥有健康的身体

1.健康是生命最重要的宝藏 …… 36
2.健康是生命的本钱 …… 38
3.请健康进屋做客 …… 43

contents

4.健康的第一基石，合理膳食 …………………………… 46
5.生命在于运动 …………………………………………… 52
6.养成良好的生活习惯 …………………………………… 57

第三章
幸福是拥有健康的心态

1.保持一份良好的心态 …………………………………… 66
2.幸福的人有健康的心态 ………………………………… 72
3.自信，快乐幸福的秘诀 ………………………………… 76
4.放弃一点就更幸福一点 ………………………………… 80
5.阳光总在风雨后 ………………………………………… 84
6.学会调节心态 …………………………………………… 87
7.学会宽容，培养自己宽广的胸怀 ……………………… 89

第四章
幸福就是懂得爱

1.予人玫瑰，手有余香 …………………………………… 102
2.幸福是温暖深切的亲情 ………………………………… 105
3.幸福是有爱情的婚姻 …………………………………… 110
4.幸福是拥有真诚的友谊 ………………………………… 115

contents

第五章
幸福就是心中有梦想和希望

1.有梦想的人最幸福 …… 122
2.梦想照亮前路 …… 127
3.梦想不等同于幻想 …… 131
4.将梦想付诸行动 …… 136
5.追逐梦想，追逐幸福 …… 142
6.做你所爱，爱你所做 …… 149

第一章

解读幸福

幸福是什么？自古至今人们对之有着不同的解释。它不仅是一种感受，还是一种经过。我问过一些人：“你幸福吗？”有些人回答：“不幸福，因为我的物质生活并不富裕，离幸福还有一段距离。”有些人却回答：“我很幸福，因为我衣食无忧，过着富足的日子。”遗憾的是，他们把幸福都比作是一种对精神、物质生活的满足。那么，真正的幸福是什么呢？

1.对幸福的不同诠释

幸福不仅仅是对某种需要的满足，而是对某种需要的理解。有这样一个故事：

两只猪一直深爱着对方，可是母猪发现公猪在吃的方面总是不能让着它，总是先把好的自己吃掉，有时还要把母猪的那份吃掉一些。公猪日渐肥壮，母猪日渐消瘦，母猪很伤心，总是追问公猪是不是已经不爱自己了，公猪避而不答。可是终于有一天，屠宰场的人来拉猪的时候，选中了肥壮的公猪，公猪留给母猪这样一句话："如果爱无法用言语来表达，那就用生命来代替吧！"母猪这时候才明白了公猪以前的所作所为是为了自己能够活下来。虽然是生离死别，它们是幸福的。因为它们已经互相理解了。这种幸福是无法用言语来表达的，是一种奉献精神。

幸福是战胜困难时的快乐，是获得成功时的喜悦，是对未来的憧憬和为实现目标所做的努力。

有这样一个故事：

古时候，有一个国家的国王病了，患上了忧郁症，原因是他不知道什么是幸福，总是觉得自己极度地不幸福。他认为他得到任何东西都是轻而易举的事情，不知道何为困难，更没有目标和对未来的希望。他的任何一种愿望，只要他一说出口，很快就变成现实。完全不用他付出丝毫行动，那愿望便以完美的质量呈现给他看。即使那并不真是他的一种愿望，只不过是他无聊之极随口一说的一个念头，甚至某种情况下头脑中偶尔闪过，并未说出，只不过被善

于察言观色的大臣们猜中了念头，那念头也会以相当完美的状态变为现实。自然，这位拥有无限权力的国王也很难获得真正的友谊和爱情，那么，他如何能感受到幸福呢？谁又能治愈他的病呢？宫廷里请来了很多名医，都对国王的病束手无策。

有一天，国王出去打猎，路上一阵悠扬的笛声从远处传来。那笛声传达着无忧无虑的快乐。他们寻声而去，一幅和谐的画面呈现在眼前：一棵枝叶茂密的大树下，坐着一个农夫，赤裸着上身，正吹着笛子。身旁是锄头和饭钵，面前是刚刚锄过的地垄，还散发着泥土的芳香。再看：农夫的脸上有一种他们很少见的恬静而投入的表情。给国王的感觉是：此时的农夫是世界上最幸福的人。于是，国王上前去对农夫说："你看起来真是个幸福的人。"农夫说："是的，我不幸福怎么能吹出快乐的曲子呢？"

国王看着农夫，表示不解，问："你的条件这样

艰苦，甚至连一件衬衫都买不起，你为什么会觉得幸福呢？”农夫回答：“是的，我没有漂亮的衣服，也吃不上好吃的饭菜，每天要在田里辛苦地工作，但是每天当我把田里的活干完，想着妻子在家中做好了饭菜正等着我时，心中就充满了喜悦和幸福，觉得自己是世界上最幸福的人。国王听完微微地笑了，他似乎明白了什么。从此，国王不再需要什么医生，他也明白了自己怎样去追求幸福。

以上所叙述的故事有的是真实的，有的是作者编出来的，还有的是电影所演的。在我们的现实生活中有很多这样的事例值得我们去细细地品味。对于正在寻找幸福的人来说，不能将幸福一概而论为对物质和精神上需求的满足，也不能将幸福归为可以寻找的东西。幸福是你对它的一种理解，对别人的一种无私奉献，对人生的一种经过。或许还是一种……对于已经拥有幸福的人来说，那就需要我们去理解它，奉献它，经过它，珍惜它，更需要诠释它！请问亲爱的青少年朋友们，你们将如何诠释幸福呢?

感悟心得：

2.平淡、简单也是幸福

生活有时是残酷的，但是太多人把生活想象得太美好，期望越高伴随着失望就越大。其实平淡就是一种幸福，因为平淡，所以大家都习惯把它遗忘了，所以留恋于往昔的种种美好，却忽略了伴随在身边的那种平淡的幸福。

当夕阳落下的时候，一个人走在喧闹的街道上，吹来徐徐的清风，失恋的人眼中尽是悲伤，看不到别的。当恋爱的时候，两个人一起漫步在街头迎着徐徐的微风，感受的是浪漫与惬意还有幸福。当孩童走在街头，看到的是川流不息的车轮与那五彩缤纷的灯光，他们想快快长大，感受这精彩的世界。

我经常一个人带着耳机，穿着宽松的衣服，穿着夹脚拖鞋，吃完晚饭后双手揣在口袋里静静地沿着青砖小路漫无目的地走着，

仿佛音乐都知道了自己的心情，不停地变换着节奏，轻快的、深情的、悠远的……哪怕是失恋的情歌，也让人有一种说不出来的感觉，心慢慢地静了下来，回想往日的种种，无论是开心还是难过，这其实都是生活的一部分，生活中有痛苦也有快乐，但更多的却是平淡。

下边我们来听一听几个过着平淡生活的幸福人的心声。

一个普通教师的幸福：

早晨，朗朗的读书声充盈着整个教室，透过门窗在校园的上空回荡，它没有动人的旋律，只是把一串串知识的音符抛洒。

就在这独特的校园小调中，新的幸福的一天开始了。和孩子们在一起，天天是平凡的细节、寻常的情景，在外人看来毫不足道，可身在其中的人感受完全不同。

走进教室，看着孩子们纯真、稚嫩的小脸，望着孩子们渴望、期盼的眼神，心中便会油然升起一种责任，涌出一股爱意。那种滋味真的让你感到一种小小的幸福。

孩子们时而托着下巴思考问题，时而埋头认真作业，时而叽叽喳喳地讨论习题，时而略显胆怯地向老师请教……这些又算得了什么？但这情景就是让你感到幸福。

一声“老师好”，一句“老师，您辛苦了”，一

张新年贺卡，一件生日礼物，这一切都会在你平静的心湖中泛起层层美丽的涟漪，拨动你的心弦，让你怎能不感到幸福！

期末了，又要送走一届学生，想着朝夕相处的孩子们就要离开，不禁心中有些苦涩，可想到他们将会飞得更高更远去寻找属于自己的一片蓝天，便像品味了一杯浓郁的咖啡，起初的苦涩变成了后来的甜蜜，那甜甜的感觉一直在心中酝酿，变为了小小的幸福。

做老师，真的好幸福！

一个普通医生的幸福：

7：00准时进入病房，查看前一天的病历记录；

7：30，带下级医生查房；

8：15，交班完毕，便一头扎进入手术室。

这是我每天的工作日程。作为泌尿外科的医生，近年来，我除了做微创经皮肾镜及输尿管镜下钬激光取石手术，还开展了后腹腔下肾癌、肾盂癌及输尿管癌根治、肾上腺肿瘤的切除术，膀胱全切及原位新膀胱技术。

一位病人患双肾多发结石肾功能不全，已发展到尿毒症，本打算做肾移植手术。我反复分析他的病历报告，认为用微创技术有希望取除结石，恢复肾功

能。我把这一想法告诉了病人，病人拉着我的手，诚恳地说：医生，我相信你，你就大胆地做吧。我先后为病人做了4次手术，取出双肾结石，最后使他的肾功能恢复正常。出院那天，他激动地对我说：我女儿就要参加高考了，我一定要她报考中南大学湘雅医学院，跟你好好学。果然，他女儿考上了湘雅临床八年制硕博连读生。

给膀胱癌病人灌注化疗药原本是件普通的诊疗操

作。一天，一位病人悄悄来到我的办公室，希望我能每天帮他灌药，我爽快地答应了。之后每天，我都来到病房为病人灌药。每每看到我疲惫的样子，病人不好意思地说："我的要求是不是过分了？"我会笑笑说："你这样信任我，我很高兴。"

作为一名医生，我很幸福。

一个单亲爸爸的幸福：

我独自抚养一个小男孩。有一天出差要赶火车，没时间陪孩子吃早餐，我便匆匆离开了家。回到家时孩子已经睡熟了，旅途上的疲惫，让我全身无力。正准备就寝时，突然大吃一惊：棉被下面，竟然有一碗打翻了的泡面……

盛怒之下，我便朝熟睡中的儿子的屁股，一阵狠打。"为什么这么不乖，惹爸爸生气？你这样调皮，把棉被弄脏……"这是妻子过世之后，我第一次体罚孩子。

"我没有……孩子抽抽咽咽地辩解着，我没有调皮，这……这是给爸爸吃的晚餐。"

原来孩子为了配合我回家的时间，特地泡了两碗泡面，一碗自己吃，另一碗给爸爸。可是因为怕我那碗面凉掉，所以放进了棉被底下保温。

我听了，不发一语地紧紧抱住孩子……

原来幸福就在一碗打翻的泡面里啊。

是啊，幸福就是平淡、简单的。在平淡中慢慢地走着，静静地品味着，其实这也是一种美好、一种幸福。生活需要激情，也充满了激情，但是不可能一直都伴随着激情，年轻该有激情，但是也要感受平淡，耐得住平淡。平淡能使人安静，卸下浮躁的外衣，只有静下来才会发现好多你平时看不到的画面，体会不到的东西。

不要抱怨日子过得真无聊，忙碌的背后、激烈的竞争背后、心疲惫的时候，也许才能更深地体会到平淡的幸福。静静地，坐在石凳上看池塘里的荷叶旁嬉戏的鱼儿，偶尔扔一块面包屑，看着鱼儿争相来抢，平淡吗？也许这时候不该用平淡来形容，不过不管怎么说，很美，不是吗？

亲爱的朋友们，作为青少年，一名学生，你是否有心静如水的时候呢？你是否享受这种平淡的生活呢？

感悟心得：

3.财富、权力、地位不等于幸福

财富+权力+地位=幸福？在当今经济高速发展的社会，这个幸福等式似乎是很多人心中的标准，但事实上真的是这样吗？

一个人幸福不幸福，在本质上与财富、地位、权力没多大关系。富裕不等于幸福，权力不等于幸福。唯有正确的世界观，心平气和处世，知足常乐才会觉得幸福。

幸福由自己的思想、心态而决定，正可谓“宠辱不惊，闲看庭前花开花落，去留无意，淡望天外云卷云舒”。幸福只是个人的感觉而已，荣华富贵者不一定就会觉得快乐，贩夫走卒也不是一辈子劳苦。一个人只要心安理得，适如其分地做“本分”事，即是幸福。

有很多人将金钱与幸福之间划上了等号，有的人绞尽脑汁、千方百计想得到金钱，钱到手了，是不是就能真正幸福？有一位

拥有亿万家产的年轻有为的集团总裁这样说："我成了一个挣钱的机器，单调枯燥不停地转动，每天面临的都是一场战斗，金钱对于我来说只是一种责任，即维持现有水平和如何赚更多的钱……"他的妻子埋怨他是个冷血动物，他的儿子很难见上爸爸一面。很多为人夫，为人父应该给予的，他都给予不了，他脑子里想的只是怎样赚更多的钱，他没有时间体会幸福，有时他也觉得自己尽管拥有这么多财富，却无法享受真正的幸福。这样一味赚钱、单调乏味的生活，拥有金钱又有什么意义呢？有钱是好，钱可以买房子，但买不到家；钱可以买药，但买不到健康；钱可以送人情，但买不到人心。把钱当做幸福的人是愚昧的。

追求名誉的人说"有名誉就会幸福"，但很多明星大腕在电视里有说有笑，有唱有跳，精神十足，得到很多人的仰慕与崇拜，但他们表面看似威风，幕后却有不解之愁，谁比我名气大了，谁又红了，谁赚的钱多了……又加上生活中的坎坷，使自己的人生充满了惆怅。名声在外不是真幸福。

急切掌权的人说"升官掌权就会幸福"，但有时你又一定会体会"用人时靠前，不用人时靠边站"的心酸。你的权力可以赢得别人表面干什么，但不能赢得别人的心，所以权力也不是真正的幸福。这些所谓的幸福都不是真正纯洁的幸福。真正的幸福源自于儿女孝顺、夫妻互敬的家庭温馨之中；源自于亲朋好友共聚一堂谈笑风生的欢乐之中；源自于街坊邻舍的问候之中；源自于和同事热火朝天的工作之中……

这些幸福的时刻，只是偶然和巧遇，若想得到一生的幸福，就要靠自己去创造，真正的幸福是与人之间心灵深处感情融合所产生的火花。幸福掺不得半点杂质，更容不得膨胀的欲望，幸福的资本不是建立在金钱、名誉和权力的基础上，而是建立在以人为本，以

爱为本之上。若没有爱，再多的钱也买不到幸福的凤毛麟角；若没有爱，名誉再高也不会获得幸福；若没有爱，权力再大也不会得到真正的幸福。只有付出才会得到别人的爱，虽当时会吃点亏，失点利益，但当你收获别人的爱时，便是大利了。因为幸福是自己用爱努力创造出来的结晶。幸福在手，全靠自己把握，幸福在你的举手投足之间，关键看你怎样去寻找，怎样去培养。

幸福的价值离不开你的爱，你先去爱别人，用自己的爱心去打动别人，在果实成熟的秋季，你将会收获十倍、百倍、千倍的爱，那时你幸福的时刻，幸福的刹那，就会像源源不断的泉水一样，注入到你的生活中来。

有一个人，他生前善良而且热心助人，所以在他死后，升上天堂，做了天使。

他当了天使后，仍时常到凡间帮助人，希望能感受到幸福的味道。

有一天，他遇见一个农夫，农夫的样子非常烦恼，他向天使诉说：“我家的水牛刚死了，没它帮忙犁田，那我怎能下田工作呢？”于是，天使赐给他一只健壮的水牛，农夫很高兴，天使在他身上感受到幸福的味道。

又有一天，他遇见一个男人，男人非常沮丧，他向天使诉说：“我的钱都被骗光了，没有盘缠回乡。”于是，天使送给他银两做路费，男人很高兴，天使在他身上感受到幸福的味道。

又一天，他遇见一个诗人，诗人年轻、英俊、有才华而且富有，妻子貌美又温柔，但他却过得不快乐。天使问他：“你不快乐吗？我能帮你吗？”诗人对天使说：“我什么都有，只欠一样东西，你能够给我吗？”

天使回答说："可以。你要什么我也可以给你。"

诗人直直地望着天使："我想要的是幸福。"这下子把天使难倒了，天使想了想，说："我明白了。"然后把诗人所拥有的都拿走。天使拿走诗人的才华，毁去他的容貌，夺去他的财产和他妻子的性命，天使做完这些事后，便离去了。

一个月后，天使再回到诗人的身边，他那时饿得半死，衣衫褴褛地在躺在地上挣扎。于是，天使把他的一切还给他，然后，又离去了。

半个月后，天使再去看看诗人。这次，诗人搂着妻子，不住向天使道谢，因为，他得到幸福了。

是啊，幸福和金钱、地位、相貌没有关系，如何感受幸福，我想首先我们应该学会的是满足。

亲爱的朋友们，你将如何修改财富+权力+地位=幸福这个公式呢?

感悟心得：

4.幸福可以自己创造

小蜗牛问妈妈：为什么我们从生下来，就要背负这个又硬又重的壳呢？妈妈说：因为我们的身体没有骨骼的支撑，只能爬，又爬不快。所以要这个壳的保护！

小蜗牛：毛虫姐姐没有骨头，也爬不快，为什么她却不用背这个又硬又重的壳呢？

妈妈：因为毛虫姐姐能变成蝴蝶，天空会保护她啊。小蜗牛：可是蚯蚓弟弟也没有骨头爬不快，也不会变成蝴蝶，他怎么不背这个又硬又重的壳呢？

妈妈：因为蚯蚓弟弟会钻土，大地会保护他啊。

小蜗牛哭了起来：我们好可怜，天空不保护，大地也不保护。

蜗牛妈妈安慰他：所以我们有壳啊！我们不靠天，也不靠地，我们靠自己。

小蜗牛的故事告诉我们，幸福是应该从你所拥有的开始。

詹姆斯·奥本汉曾经说过：“笨人寻找远处的幸福，聪明人在脚下播种幸福。”幸福的人不会为了幸福去追求那些他们没有的东西。他们不需要特定的工作或者是特定的薪水。恰恰相反，他们学着从自己的拥有获得幸福。他们学会了满足的艺术。满足于自己所拥有的，你就能变得快乐。

获得幸福要通过学习改善自己。孔子云，“智者乐水，仁者乐山。智者动，仁者静。智者乐，仁者寿。”幸福需要你不停地耕耘。事实上，学习的过程就是幸福的过程。你曾经因为什么事情高兴过吗?

幸福就是在意身边的小事。“幸福不是被巨大的灾难或者是致命的错误扼杀的，而是被不断重复出现的小错一点点分解掉的。”

这是欧内斯特·蒂姆尼特理解的幸福。但这一点非常正确。通常不是那些大事毁了你的幸福，反而是一些小事。也许你不喜欢某个人或者是小小的失信，但是这些不起眼的事情真的可以毁掉你的幸福，所以要在意它们。

幸福要靠自己去追求，去把握。

一个男孩身边有两个知心的女孩，他明白，两个女孩也在心底爱着自己。然而在选择去与留时他却始终不知道该如何抉择，他不知道他更爱谁多一点。

他先向一个女孩隐约地暗示，也许他们会分别。女孩听了，顿时泪如雨下，扑在他的怀里抽搐的身体随着哭泣声不停地颤抖："你说过你爱我，我不能没有你。"

面对一个在自己怀里泣不成声的女孩，男孩犹豫了，于是安慰她："傻丫头，我不会离开你的。"

当他向第二个女孩提起他和第一个女孩之间的事时，女孩低着头，没有说话。

"爱情的事别人左右不了的。"女孩留下一句话随即转身离去。从见面到女孩转身离开，男孩没有见到她一点儿挽留或不舍的意思。但其实那一刻，如果她要他留下，他会答应的。

"也许她并不爱我。如果是的话，她会告诉我的。"男孩伤心地想。一个连挽留都不会的人能爱他有多深？其实，他只是没有发现女孩在转身离开时无声落下的泪。

后来，男孩选择了第一个女孩。另一个女孩一直生活在对男孩深深的怀念之中。

是啊，愚者以为幸福在遥远的彼岸，聪明者懂得将周遭的事物培育成幸福。幸福需要自己去创造。

亲爱的朋友，蜗牛和女孩的故事对你有何启示呢?

感悟心得：

5.追求幸福是生活的动力

一个人是追求幸福的生活动机大呢？还是为逃避痛苦的动机大呢？你觉得呢？我们一般都会随口答：追求幸福！但有时候最大的动机却是逃避痛苦。

因为每个人都是有惰性的，都是贪图安逸的，他往往会选择逃避痛苦，每个人都有自己的舒适区。我们要想逃避痛苦追求幸福，就要逼自己挑战自己的舒适区。身为“万物之灵长”，我们有着做人的可贵的自觉与主动，可同时我们身上还潜伏着根深蒂固的惰性，常常安于现状，贪于安逸。不思进取，无为度日，自己迁就自己，自己糊弄自己，这完全是我们自己纵容自己所致。要根除这一顽疾，只有依靠我们自己，由我们自己来做医师。灵丹妙药便是自己逼自己，让自己重整山河，东山再起，亮出自己的主动与勇气。有的时候，我们追求幸福需要跟自己较量，会有一种战胜自我的快意和充实。逼自己经常会逼出许多意想不到的奇迹，正如背水一战，会反败为胜，奋力一搏，会出师告捷；逼过自己之后，我们可能会发现自己身上竟蕴藏着丰富的潜力，就如火山内部奔涌着沸腾的岩浆；我们也可能会

由此而发现一片可供自己大显身手的用武之地，使自己脱颖而出，锋芒尽露；我们还可能在逼过自己之后，沉浸于事有所成的激动之中，面对自己的辉煌战果，俨然开天辟地的英雄。

既然如此，不要让自己太适服了，否则容易出问题。逼逼自己，行动起来吧。人们因逃避痛苦而产生的动力，甚至远远超过追求幸福而产生的动力。但其实这两者并没有实质的区别，逃避痛苦本身就是追求幸福的过程，因为没有痛苦其实正是一种幸福的状态，甚至这种幸福往往是更加难以实现的幸福。各位读者，你为了追求更大的幸福，是不是应该行动起来了呢?

感悟心得：

6.淡看得失，笑看成败

缺乏珍惜之心往往使我们意识不到幸福，使得我们感觉不到快乐，我们总有种离幸福有点儿远的感觉，其实正如一位哲学家曾说过的那样：幸福就像一个被孩子追逐的球一样，当你追上它时，却又把它踢得更远。

安徒生有一则名为《老头子总是不会错》的童话故事：

乡村有一对清贫的老夫妇，有一天他们想把家中唯一值点钱的一匹马拉到市场上去换点更有用的东西。老头子牵着马去赶集了，他先与人换得一头母牛，又用母牛去换了一只羊，再用羊换来一只肥鹅，又把鹅换了母鸡，最后用母鸡换了别人的一口袋烂苹果。在每次交换中，他都想给老伴一个惊喜。

当他扛着大袋子来到一家小酒店歇息时，遇上两个英国人。闲聊中他谈了自己赶集的经过，两个英国人听后哈哈大笑，说他回去准得挨老婆子一顿揍。老头子坚称绝对不会，英国人就用一袋金币打赌，三个人于是一起来到老头子家中。

老太婆见老头子回来了，非常高兴，她兴奋地听着老头子讲赶集的经过。每听老头子讲到用一种东西换了另一种东西时，她都充满了对老头子的钦佩。她嘴里不时地说着：“哦，我们有牛奶了！”“羊奶也同样好喝。”“哦，鹅毛多漂亮！”“哦，我们有鸡蛋吃了！”最后听到老头子背回一袋已经开始腐烂的苹果时，她同样不愠不恼，大声说：“我们今晚就可以吃到苹果馅饼了！”

结果，英国人输掉了一袋金币。

从这个故事中我们可以领悟到：不要为失去的一匹马而惋惜或埋怨生活，既然有一袋烂苹果，就做一些苹果馅饼好了，这样生活才能妙趣横生，和美幸福，这样，你才可能获得意外的收获。

生命有得失是正常的，如果你紧紧抓住失去不放，得到就永远也不会到来。放下失败，抓住成功，就可以让生命重放光彩。而这一切，需要你有一颗淡泊名利得失、笑看输赢成败之心。个性乐观的人对得失看得很淡，他们认为“得”是劳作的结果，无论劳心劳力，“得”都是心愿的实施，了得了心愿，却难免会失去追求。得到功名利禄的时候，满心喜悦，但同时也失落了沉思与警醒；得到婚姻的时候，爱情的光芒免不了黯淡；得到虚荣的时候，灵魂却在贬值；失去最爱的时候，便懂得了真爱的永恒；失去依赖的时候，便得到人生必备的磨砺；失去憧憬的时候，便得到现实的选择。

人生就是一场游戏，有时你会赢，有时则会输。你应该训练自己掌握游戏的规则，这样你就会尽可能多地在游戏中获胜。

两个工程师合作承担了一个研究项目，在项目即将完成时，做了一次试验，结果，出乎意外地失败了，他们从中发现了一些以前未曾预见的问题。面对挫折，一位工程师陷入了深深的自责之中，甚至怀疑自己是否还有完成这项研究项目的能力，而另一位工程师却为此感到欣慰：幸好现在及时发现了问题，这样可以在这个项目

投入实际运作时避免许多错误。

毫无疑问，只有抱着积极的心态，才能使你有勇气迎战突如其来的挫折，不被挫折所击垮。也只有这样，你才能从挫折中获取有益的经验和教训，继续走上成功的道路。

对得与失的认知，看似平淡，却折射出一种对人生使命的思考，对物质和精神关系的透彻理解。人的一生，就是得与失互相交织的一生。得中有失，失中有得，有所失才能有所得。一个人为了实现自己的人生目标，体现自己的人生价值，暂时放弃一些物质上的享受，去追求让更多的人过上舒适幸福的生活，这种精神不仅让人尊敬，而且那种目标达成后的精神愉悦，是一般人所体验不到的，是超越物质的更高层次的精神满足和享受。

人的情绪是一个定数，腾不出空间来快乐，就会腾出空间来忧伤，腾不出乐观的情绪，就会腾出悲观的情绪。所以，亲爱的读者朋友，笑口常开，虽然今天你失败了，明天会怎样谁能知道呢？

感悟心得：

7.学会满足，幸福常在

满足是快乐的前提，如果心中不满，就不会快乐。

一个人可以对事业，对理想永远不满足，但一定要学会珍惜眼前所拥有的一切，学会满足。

曾看到过这样一个小故事：

有一位欧洲著名的女高音歌唱家，30多岁就已经红得发紫，而且家庭美满，郎君如意。一次，她到邻国开独唱音乐会，演出结束后，歌唱家和丈夫、儿子从剧场出来，被等候在那里的观众团团围住。人们热情地与歌唱家攀谈，其中不乏赞美和羡慕之辞。有的人恭维她年纪轻轻就走红国家的歌剧院，成为扮演主角的演员；有的人恭维她有个大公司老板作丈夫，膝下有个可爱的脸上总带着微笑的小男孩……

在人们说的时候，歌唱家只是在听，没有表示什么。等人们把话说完后，她才缓缓地说："我首先要谢谢大家对我家人的赞美，我希望在这些方面能够和你们共享快乐。但是，你们看到的只是一个方面，还有另外的一个方面没有看到。那就是你们夸奖的我可爱的脸上总带着微笑的儿子，不幸的是他是一个不会

说话的哑巴，而且，在家里他还有一个姐姐，是一个需要长年关在铁窗房间里的精神分裂症患者。”

歌唱家的一席话使人们震惊得说不出话来，似乎很难接受这样的事实。

这时，歌唱家平心静气地说：“这一切恐怕只能说明一个道理：那就是上帝给谁的都不会太多。”

这个小故事使我们感悟到：有时，我们所拥有的别人不一定拥有，别人有的你也不必奢求。因此，我们不必为别人的拥有而失意，应该多为自己的拥有而开怀。学会珍惜自己的拥有，学会满足！珍惜拥有，并不是自我麻醉，自欺欺人，而是看清自己手中的幸福，从而丢掉自寻烦恼的悲观失意，以乐观向上的轻松姿态去迎接每一天的朝阳。

珍惜拥有，我们首先要珍惜生命，珍惜自己的工作，珍惜家庭，珍惜感情，珍惜友谊……

也许一切并不完美，但是只有拥有现在，我们才可以创造完美的未来啊。人生路上，真正属于自己的东西并不多。如果我们看到自己所拥有的，我们就一定要为自己的拥有而开怀！

每个人都会有期望值，对事业，对家庭，对友谊，对财富，对未来。但是，在我们这一生当中，不称心的事十有八九。你想在有生之年达到某一个高度；你想拥有豪宅名车；你想有一番轰轰烈烈的事业；你想成为栋梁之材；你想将来出人头地；你想过得比你周围的人都要好；你想……太多了！人的欲望永无止境。如果说这个世界上还有比海洋更大的东西，那就是人的欲望了。你可能会实现你的一部分人生目标，你永远无法实现你所有的人生期望。没有遗憾的人生是不真实的，就像十全十美的东西只能存在于梦幻之中一样。 我们要学会满足。我们要感谢生活给了我们这么多美好的事物。就像有一个小故事，说的是一个走路的人看到别人骑着马，再前面有人坐着轿。他感到这世界对他真的是不公平！为什么别人比

他过得好？他扭头往后面一看：一个没有双腿的人正拿着一个小板凳艰难地往前面蠕动！他的心情一下子变得非常好。觉得老天爷对他还不错：给了他健全的肢体，他只要努力，更好的生活完全能够创造出来!而那位没有双腿的人现在也充满了感激。因为他刚刚看到一位年轻人病故。他觉得自己虽然没有双腿，但是照样能够生活：能够四处走走，能够看看田野上五颜六色的野花，能够品尝美味的饭菜，能够跟别人讲讲话，能够在太阳底下享受慵懒的感觉……

其实，我觉得一个普通人有时候真的要有一点鲁迅笔下的那种阿Q精神；一个有文化，有品位的人，多少要有一些陶渊明的那种菊的境界。等到回光返照的哪一天，想想：我活得这么累，值得吗？亲爱的读者朋友们，你是否也应该有一点阿Q精神呢？

感悟心得：

8.心中有爱，幸福在手边

爱是一缕温暖的阳光，照耀着你我，温暖着我们的心房。爱是一种妙不可言的感受，滋润着你我，幸福每一天。相信爱的力量，创造爱等于创造幸福。

“幸福就像香水，不是泼在别人身上，而是洒在自己身上。”这是我最喜欢的一条秘诀。让自己幸福的第一秘方是让别人幸福。越是助人为乐就越快乐。幸福不是来自于自私而是无私的大爱。

爱是付出，是同情，是给予。如果你希望别人快乐，那么，请你学会同情。如果你希望自己快乐，那么，也请你学会同情。同情是最高级的无私。像这句话里讲述的一样，同情心可以让你和别人都幸福。但是这需要练习。从关心身边的人开始，看看他们需要什么并且想办法满足他们。即使你没有表现出你的同情心，时间一长也会自己显现出来的。

下面是第一次世界大战时的一个故事：

当时，德法两国交战，战况激烈，双方都死伤惨重。清点死伤的士兵时，由于医护人员不足，只能先抢救那些尚有一息痊愈希望的伤患者，对于那些伤势过重，根本不可能有生还机会的士兵就只有放弃了。

有一位法国士兵，伤得极重，奄奄一息，不能说

话，也无法动弹。军医检查了一下他的伤口，摇摇头说：“伤得太重了，恐怕活不到明天早上!”

说罢，就丢下他，转身巡视其他伤兵。

然而，这个法国士兵大吃一惊，内心十分焦灼惶恐。他不断地在心里呐喊说：“救救我，我还不想死……”

只不过，他伤得实在太重了，发不出任何声音来阻止他们，只有眼睁睁地看着军医离去，心中充满悲哀绝望。夜，越来越深，他感到死神在一步步地向自己逼近，他害怕极了：啊!他不想死啊!他还有美丽的妻子，初生的婴儿，他们需要他!

他的眼皮越来越沉重，不断地往下垂。他知道如果一昏迷，也许就会永远也醒不过来了，永远也回不到自己的家乡，见不到自己的妻儿了。

为了保持清醒，他强迫自己回想以往那些美好的日子。

他想起了17岁第一次见到她时，她金黄色的头发在阳光下闪闪发光，一双清澈的大眼睛比夏日的晴空还要明亮，他爱上了她。他们第一次约会，第一次拥吻……可爱的她终于接受了他的求婚。他欣喜若狂，恨不能将这个好消息告诉全世界的人。

婚后没有多久，他们就有了自己的宝宝。抱着初生的婴儿，他有着为人父的骄傲。他默默告诉自己，一定要好好栽培儿子，让他接受最好的教育，顺顺利利地长大……

可是，此刻他却无助地躺在战场上。天啊!他不能死啊! 他不能让美丽的妻子年纪轻轻就做了寡妇，他不能让尚在襁褓中的稚子成了无父的孤儿。

夜色渐渐退去，天亮了，医护人员再一次巡视战场，发现他一息尚存，大感惊讶地说："这个人原来已经没救了，居然还能撑到现在，真是奇迹!"

他们把他抬回后方，在细心的照料下，这个法国士兵终于恢复健康，回到他日夜思念的故乡，回到他妻儿的怀抱。

这个故事深深地打动了一位生病的朋友，让他明白，支持我们活下去最大的力量就是爱啊!

一个卧床多年，身心遭受磨难的病人实非外人所能想象，特别是一次濒临死亡的边缘，连医生都已经摇头叹息，可是他一想到年迈的双亲，就觉得自己不能丢下他们不管，怎么忍心让白发人送黑发人。他心中有太多的不舍，对于这块土地，他眷恋日深，还有很多事想做……每次想到这些，求生的欲望油然而生，一次又一次，这个打败了死神，转危为安的人，人们都以为是奇迹，他却说不是——是因为爱！

在我们的生命中，有多少值得我们用心去爱的人，有多少牵挂与不舍。尽管在人生的道路上有那么多磨难与不幸，但是因为有爱伴随，我们都会好好地活着，活出生命的美丽来！相信爱能创造生命的奇迹！爱可以带给你意想不到的幸福。

读者朋友们，你相信爱能创造奇迹吗？

感悟心得：

第二章

幸福是拥有健康的身体

有人说：幸福就是拥有健康的身体。作为一个健康人，我们应该笑容洋溢才对。想想那些盲人，我们能看到五颜六色的世界；想想那些聋子，我们能听到亲朋好友的问询；想想那些哑巴，我们能自由地把心意表达，甚至打架时也可以过过君子瘾，只动口不动手，也不至于吃了黄连有苦说不出；想想那些拄着拐杖的人，我们可以健步如飞，可以登山，可以游泳，可以骑马；想想那些失去双手的人，我们可以流畅地写出优美的字，做出可口的饭，抚摸爱人的笑脸，把心爱的人手牵。

上天厚爱我们，让我们拥有了健康。还有什么不快乐、不幸福的呢？健康的人，洋溢你的笑脸，飞扬你的青春吧！

1.健康是生命最重要的宝藏

有这样一个故事：

一个年轻人总是抱怨自己太穷，“要是我能拥有一大笔财富，那该有多好啊！到那个时候，我的生活将会是多么快乐呀！”他总是哼着这样的老调。

有一天，一个老石匠从他家门口路过，听到年轻人的这番话，就问他：“你抱怨什么呀？其实，你拥有最大的财富！”

“我还有财富？”年轻人惊讶起来，“我有什么财富呀？”

“你有一双眼睛！你只要拿出一只眼睛，就可以得到你想要的任何东西。”石匠说。

“你说到哪儿去了？”年轻人说，“不论你给我什么宝贝，我都不会拿眼睛去换的！”

“那好吧，”石匠说，“那就让我砍掉你的一双手吧，你也可以拿这双手去换许多黄金！”

“不行！我不会拿自己的手去换黄金的！”年轻人说。“现在，你该知道了吧，你是很富有的。”老石匠说，“那么，你还抱怨什么呢？相信我的话吧，

年轻人！一个人最大的财富和幸福就是他的健康和精力，这是无论用多少金钱都买不来的。

在现代社会，随着生活的压力越来越大，疲于奔命的人们用透支健康的代价换取金钱和权势，以为这样会让人生过得更快乐，殊不知，当健康离自己远去的时候，再多的金钱、权势、名利于自己又有什么用呢？因为它们买不回健康。所以，珍惜自己的健康，养成锻炼身体的好习惯，比什么都重要。

请读者朋友们想一想，你愿意用你身体的健康去交换财富吗？

感悟心得：

2.健康是生命的本钱

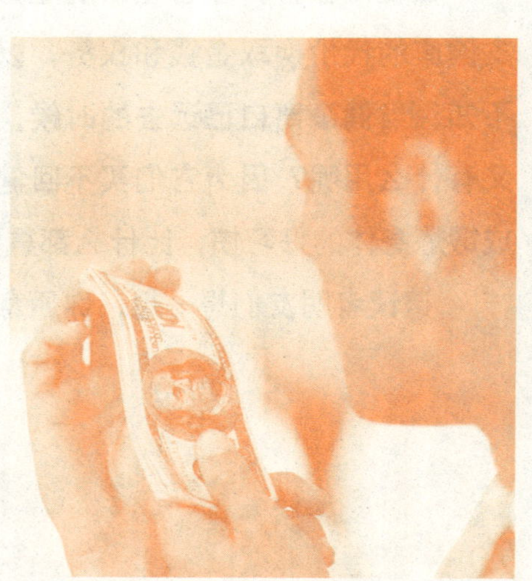

俗话说“身体是革命的本钱”。不管是谁，如果没有一个经得起风吹雨打的身体，都不可能享受到生活的幸福和事业的成功。

我们暂且不论学习压力会对身体提出多么高的要求，就是我们的日常起居，也同样需要我们具备良好的身体素质。否则，我们靠什么快乐幸福地生活呢?

对于青少年朋友而言，如果你希望出类拔萃，也希望生活方式与众不同，那么，你不仅要明白“是你的习惯决定你的未来”，还要在学习、生活中自觉主动地培养和锻炼自己的身体。因为强健的身体是自己未来发展的坚实基础，是一个人最重要的本钱!

一个人的健康是属于自己的，当你饱受病魔折磨的时候，只能自己一个人承受，没有人能够替代你，虽然愿意这样做的人有不少，比如说你的亲人，但那只是一种美好的愿望而已，从这个角度讲，健康是我们第一要拥有的东西，除了无法找到替代者之外，健康的好坏只能自己默默地承受，它还是所有人生计划的基础，少了这个基础其他的基本可以免谈。

人的生命是很脆弱的，不管我们有多少宏伟的蓝图，还是想要让这个世界变个样，却是一场小小的病痛就能把我们打倒，由此也

就感受到自己的渺小，在世界面前是无能为力的，我们能做的改变实在是微不足道的，那还不如首先改变一下自己，至少让自己拥有一个健康的身体，在这个前提下，再试着做其他的改变，或许还能期待些好的结果。

竺可桢是我国卓越的气象学家，是我国现代气象事业的创始人。他对中国近代地理学的建立和发展也作出了很大的贡献。

作为一位气象学家，需要常年在外进行考察活动，没有健康的**身体**是不能适应复杂艰苦的环境的。竺可桢正是以**良好的身体素质**做后盾，走遍了祖国的山山水水，收集了**大量宝贵的资料**。健康的身体也是他在80多岁高龄时**仍能坚持科学研究的**基础。

竺可桢之所以能够始终保持健康的体魄和旺盛的精力，这得益于他青少年时代养成的坚持锻炼身体的好习惯。

1890年，竺可桢出生于浙江绍兴东关镇一粮商之家。他幼时聪明好学，从2岁开始认字。然而，小时候的竺可桢身体素质并不好，而且很虚弱。

1905年，竺可桢在小学毕业后，来到上海澄衷学堂继续学习。

当时的上海，由于清政府腐败无能，国土任人宰割，形成了许多“租界”地。占据“租界”地的外国人在中国领土上拥有种种特权，根本不把中国人放在眼里。上海外滩的公园门口竟然还挂着“华人与狗不得入内”的牌子。竺可桢小小年纪便痛感国耻，立志科学救国。为了救国救民，竺可桢废寝忘食地发愤学习，晚上也经常熬夜苦读。工夫不负有心人，他的各门功课都取得了优异的成绩，成为最优秀的学生。

然而，这种艰苦的学习生活，再加上营养跟不上，使他原本就很瘦小的身体更加虚弱了。有些官家子弟甚至讥讽说他活不过20岁。

这些嘲讽辱骂使竺可桢非常气愤，也引起他深深的思索。他想起了西方的一句谚语：健全的思想寓于健康的身体。对啊，如果没有健康的身体，怎么能学习更多更深的学问？即使有了学问，又怎么能加以利用呢？他在心里对自己说：我的身体不好，这是事实，我不能回避，而要勇敢地面对现实。国家要想独立自主，就必须强盛起来。人要想不受欺辱也得自强。我要改变自己，要争气，为自己、为国家争气，用我强壮的体魄来建设我强盛的祖国。

竺可桢开始想办法增强自己的体质。他知道，要使身体健康，既需要营养，也需要锻炼。可是他没有条件增加营养，于是他决定靠体育锻炼来增强自己的体质。

接下来的日子里，竺可桢每天坚持做早操，并循序渐进地参加一些体育活动，散步、爬山、跑步、打篮球、游泳……

渐渐地，他的脸红润起来，他的身体也越来越结实了。从那以后，他就养成了坚持体育锻炼的好习惯。即使在参加工作之后，他也没有忘记锻炼身体，每天上下班都坚持步行，同时还经常进行其他体育活动。靠着从小锻炼的坚强意志和强健的身体，在一生开拓祖国气象事业的旅途上，竺可桢战胜了无数的艰难困苦。

一个坚持锻炼身体的好习惯，不仅使竺可桢原本瘦弱的身体变得越来越结实，也为他在80多岁高龄时仍能坚持科学研究打下了坚实的基础。

遗憾的是，许多青少年朋友往往把文化知识的学习放在首位，而常常忽略了自己的身体锻炼。例如，有些青少年朋友没有良好的作息习惯，他们习惯于熬夜、睡懒觉、无节制地上网，很少主动运动等，可到了该集中精力学习的时候，却头脑昏昏沉沉，甚至打瞌睡……试想，一个爱睡懒觉、生活懒散又没有作息规律的人，又怎么会有强健的体魄让自己勤奋学习、工作?身体对于我们青少年朋友来说比金子还珍贵，比好成绩更有用。我们要像对待钻石一样珍爱它，要像对待金子一样怜惜它。当然，我们也只有善待自己的身体，将来才能成为栋梁之才，有充沛的精力和体能为人类作出我们应有的贡献!朋友们，行动起来，在知识武装头脑的同时是否身体的“武装”被忽视了呢?

感悟心得：

3.请健康进屋做客

一位妇女发现三位蓄着花白胡子的老者坐在家门口。她不认识他们，就说："我不知道你们是什么人，但各位也许饿了，请进来吃些东西吧。"三位老者问道："男主人在家吗？"

她回答："不在，他出去了。"

老者们答道："那我们不能进去。"

傍晚时分，妻子在丈夫到家后向他讲述了所发生的事。

丈夫说："快去告诉他们我在家，请他们进来。"妻子出去请三位老者进屋。但他们说："我们不一起进屋。"其中一位老者指着身旁的两位解释："这位的名字是财富，那位叫成功，而我的名字是健

康。”接着，他又说，“现在回去和你丈夫讨论一下，看你们愿意我们当中的哪一个进去。”

妻子回去将此话告诉了丈夫。丈夫说：“我们让财富进来吧，这样我们就可以黄金满屋啦！”妻子却不同意：“亲爱的，我们还是请成功进来更妙！”

他们的女儿在一旁倾听。她建议：“请健康进来不好吗？这样一来我们一家人身体健康，就可以幸福地享受生活、享受人生了！”

丈夫对妻子说：“听我们女儿的吧。去请健康进屋做客。”

妻子出去问三位老者：“敢问哪位是健康？请进来做客。”

健康起身向她家走去，另外两人也站起身来，紧随其后。

妻子吃惊地问财富和成功："我只邀请了健康，为什么两位也随同而来？"

两位老者道："健康走到什么地方我们就会陪伴他到什么地方，因为我们根本离不开他，如果你没请他进来，我们两个不论是谁进来，很快就会失去活力和生命，所以，无论在哪里我们都会和他在一起的！"

这则小故事给你什么样的启迪呢?

感悟心得：

4.健康的第一基石，合理膳食

民以食为天，每个人都不能不饮食，所以饮食对我们每个人来说，是人人都会的。但是，如何饮食对自己的身体有好处，如何有规律地饮食，却是大有学问的，注意养成饮食的正确习惯，将对我们的健康大有好处。

俗话说：“饱不剪头，饿不洗澡”，意思是剪头时要低头，如果吃饱饭低头会窝肚子；空肚子洗澡会很累，容易虚脱。饿着洗澡，越洗越饿，是有科学根据的，胃里没有食物，容易发生低血糖。曾经有新闻报道，某早晨在锦州东湖，有一名姓侯男子就是因为早晨没有吃饭来游泳，结果发生低血糖，造成脑昏迷，溺水死亡，悲惨的场面让人触目惊心。

饮食是一门文化，更是一门科学，如果不能做到合理膳食就会危及身体健康和生命安全。2010年7月17日晚上，浙江台州医院急诊科接诊了一名姓单的34岁女病人。这名女子吃完午饭后，从中午12点到下午5点，不间断吃了5个小时的零食，又喝了大量的水，最终导致急性胃扩张，医生从她的胃里取出的食物装满两个脸盆，结果也未能挽回她的生命。

在饮食上，我们以前缺乏科学营养知识，对食物营养存在误区和盲点，误以为大鱼大肉就是高营养，结果大吃大喝、暴饮暴食；误以为烹饪用油越多越好，结果吃胖了身体吃出了毛病，这些问题都是应当引起注意的。特别是我们青少年的饮食，那些营养十分单调、被营养学家称为“垃圾食品”和“能量炸弹”的各种袋装小食品和“洋快餐”等，对我们的身体健康和发育都是很不利的，应当

引起我们的高度重视，尽量不吃或少吃垃圾食品。那么，保持健康，我们应该怎么做呢?

我们要有规律地饮食。在饮食的时候，先吃什么呢? 常言道："饭前先喝汤，胜过良药方"，这话可是有科学道理的哦！这是因为，从口腔、咽喉、食道到胃，犹如一条通道，是食物必经之路，吃饭前，先喝几口汤或进一点水，等于给这段消化道加点"润滑剂"，使食物能顺利下咽，防止干硬食物刺激消化道黏膜。

吃饭间，中途不时进点汤水也是有益的。因为这有助于食物的稀释和搅拌，从而有益于胃肠对食物的消化和吸收。若饭前不喝汤，吃饭时也不进汤水，则饭后会因胃液的大量分泌使体液丧失过多而产生口渴，这时再喝水，反而会冲淡胃液，影响食物的吸收和消化。所以，有的营养学家认为，养成饭前或吃饭时不断进点汤水的习惯，还可以减少食道炎、胃炎等的发生。同时也发现，那些常喝各种汤、牛奶和豆浆的人，消化道也最易保持健康状态。

俗话说：“人是铁，饭是钢，一顿不吃饿得慌。”饮食有六宜。宜早。人体经一夜睡眠，肠胃空虚，清晨进些饮食，精神才能振作，故早餐宜早。宜缓。吃饭细嚼慢咽有利于消化，狼吞虎咽，会增加胃的负担。宜少。人体需要的营养虽然来自饮食，但饮食过量也会损伤胃肠等消化器官。宜淡。饮食五味不可偏亢，多吃淡味，于健康大有好处。宜暖。胃喜暖而恶寒。饮食宜温，生冷宜少，这有利于胃对食物的消化与吸收。宜软。坚硬之物，最难消化，而半熟之肉，更能伤胃，尤其是胃弱年高之人，极易因此患病。所以煮饮烹食须熟烂方食。

医学专家对世界各地不同的民族的用餐姿势研究表明，站着吃最科学，坐式次之，而下蹲位是最不科学的。这是因为下蹲时腿部和腹部受压，血流受阻，回心血量减少，进而影响胃的血液供给。所以建议大家吃饭的时候，最好站着吃！

当然，前面所说的饭前喝汤有益健康，并不是说喝得多就好，而是要因人而异，也要掌握进汤时间。一般中晚餐前以半碗汤为宜，而早餐前可适当多些，因一夜睡眠后，人体水分损失较多。进

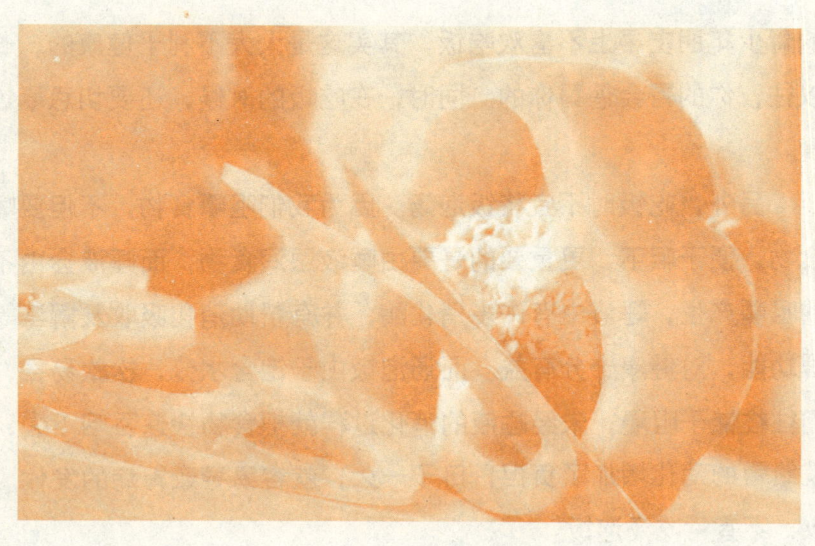

汤时间以饭前20分钟左右为好，吃饭时也可缓慢少量进汤。总之，进汤以胃部舒适为度，饭前饭后切忌“狂饮”。

饮食可以说话调节氛围。传统习惯认为，饮食时不宜说说笑笑，否则对消化吸收不利。而现在一些保健专家则认为：吃一顿午饭用30分钟左右为宜，在此时间里边吃边说，可使一起进餐者交流感情，解除烦恼，使肠胃能正常地消化食物。其原因是：愉快的心情不仅能增进食欲，还可兴奋中枢神经，从而促进消化液大量分泌，使胃肠处于最佳消化状态。

吃饭时保持良好的情绪，食欲增强，血液循环良好，胃肠的消化功能强，免疫力增强；如在吃饭时情绪压抑和郁闷，则会影响食欲，影响血液的正常循环，降低整个消化系统的功能，降低人的免疫力。讲究卫生。饭前洗手，不吃腐烂变质的食物。

必须按时饮食。有规律地进食，使得肠胃感到“这个时候食物应该进来了吧!”如果没有信心这样做，那么你可以让闹钟来提醒自己一下。将饮食的时间安排得科学合理，并长久保持这一习惯。其实，换句话来说就是，只有肠胃健康，生活才会跟着健康起来。有的青少年朋友早上不喜欢吃饭，其实这是大大不利于健康的，长此以往，你的胃会惩罚你的。同时，在吃饭的时候，还要切忌暴饮暴食。

另外，吃饭时不宜将饭泡汤。因为我们咀嚼食物，不但要嚼碎食物，便于咽下，更重要的是要由唾液湿润食物，而唾液会由不断的咀嚼产生，唾液中有许多消化酶，并有帮助消化吸收及解毒等生理功能，对健康十分有益。而汤泡饭由于饱含水分，松软易吞，人们往往懒于咀嚼，未经唾液的消化过程就把食物快速吞咽下去，这就给胃的消化增加了负担，日子一久，就容易导致胃病的发作。所以，不宜常吃汤泡饭。

吃饭前后不宜喝水。一边吃饭一边喝水很容易发胖。就算用餐1个小时之前喝水也会稀释胃酸，从而降低消化功能。同时，用餐后2个小时之内饮用大量的水会导致血糖增高。其中除了人体活动必须的血糖之外，其余的血糖全部都会储藏于体内，然后慢慢转变成脂肪堆积下来。就算没有理论性的说明，我也有过这种经历。为了避

免喝水，不要吃辣的或者咸的食物。

吃饭应该细嚼慢咽。人们常说：“吃饭慢之人有福。”其实，从某些方面来讲，也是有道理的。吃饭慢就预示着要细嚼慢咽，细嚼可使食物磨碎成小块，并与唾液充分混合，以便吞咽。同时，嚼还能反射性地引起唾液、胃液和胰液等消化液的分泌，为食物的进一步消化提供了有利条件。

“民以食为天”，能否做到合理膳食更是人命关天。是吃出健康，吃出长寿，还是病从口入，吃出毛病，这是每个人每时每刻都要十分注意的一个大问题。

亲爱的青少年朋友们，如果你现在还有吃零食不吃正餐，只喝饮料不喝水，偏食等习惯，是时候给自己制订一个合理膳食的计划了，坚持一段时间看看，来检验你的收获吧。

感悟心得：

5.生命在于运动

“同学们，课外锻炼的时间到了，走出宿舍，走出教室，参加课外锻炼，争取为祖国健康地工作50年。”直到现在，每天下午4点半，我国著名的大学——清华大学的校园广播都会响起这一段熟悉的声音。“为祖国健康工作50年”，这句浓缩了清华体育精神的话语，已经响彻清华半个多世纪。清华的体育传统，由马约翰先生带入校园，又由无数的清华学子亲身实践得以铸就，它召唤和鼓舞了一代又一代的清华师生积极参加体育锻炼，以强健的体魄投入到国家发展建设中。“体教结合”的思想是清华精神不可或缺的部分，我们应该不断追求卓越的力量源泉！

马约翰常常对学生说：“中国学生，在外国念书是好样的，因此我想到学生在体育方面，也不要落人后，要求大家不仅念书要好，体育也要棒，身体也要棒。”除了强调“运动是健康的源泉”，马约翰先生还认为体育具有强大的迁移价值。他主张：“体育是养成完整人格的最好工具。”

体育具有培养道德和性格的价值，体育能够带来勇气、恒

心、自信心、进击性以及决心。恒心是以坚定的意志作为后盾的忍耐性，是具有一定目的的精神上的忍耐性。自信心是以个人自身能力和智慧为基础的意识。进击性是指人们为了获胜必须竭尽全力进攻或攻击。决心是要达到一定目的的意志。勇气、恒心、自信心、进击性和决心都是获得成功和胜利的重要秘诀。

罗纳德·里根，是美国历史上年纪最大的总统，到1989年卸职时已经年满78岁，同时也是美国最高寿的总统，2004年里根去世，享年93岁。在就任总统期间，他旺盛的精力和健康的身体给人留下了深刻的印象，这一点和他自小坚持体育锻炼有很大关系。

1911年2月6日，里根出生于美国伊利诺伊州的坦皮科城。小时候的里根就活泼好动，喜欢在家里和外面乱跑，经常一个人在外面折腾到很晚才回来。

祖母总是埋怨里根太淘气，说里根简直就是个“不服管教的小马驹”；可里根的妈妈却认为这样并没什么，认为只有好动的马驹才能长成雄伟强壮的骏马。里根从小喜欢听英雄的故事，总是幻想自己也可以成为伟大的英雄。一天，一家人出去野餐，田野里美丽的风光让全家人的兴致都很高。爸爸把他扛在肩膀上在草地上跑来跑去，里根兴奋得大叫。“别闹了，肉烤熟了，快点儿过来。”妈妈催促道。“来喽!”父亲扛着里根跑了回来，里根敏捷地从父亲背上跳下来。

里根崇拜地看着爸爸：“爸爸好强壮，我什么时候要是可以像爸爸一样强壮就好了。”

“当然可以，只要你经常锻炼身体，长大以后肯定比爸爸还强壮。”妈妈鼓励他说。

“锻炼身体？是不是这样，这样，这样啊!”里根做着前滚翻、冲刺、跳跃等动作，逗得大家哈哈大笑。

“好吧，明天开始，你爸爸就开始带你锻炼。”妈妈微笑着说。

第二天天刚亮，里根就把爸爸从床上拖了起来：“爸爸，爸爸，去锻炼!”父亲只好起来，一出门，里根就开始快跑起来。父亲叫住了他：“运动之前要做好准备工作才可以，不然容易受伤的。”

父亲指着里根没系好的鞋带，里根做了个鬼脸，赶快弯下腰系好。然后跟着父亲做好了热身运动，就开始了他们以后每天的必备锻炼项目——慢跑2英里。第二天早上，里根感觉全身的肌肉酸痛，就赖在床上不起来：“我昨天累坏了，今天就别锻炼了。”

父亲强行把他从

床上拖了起来："锻炼只有坚持不懈才会有效果。这点苦头都吃不了的话又怎么能成为强壮的男子汉呢!"

在父亲的鼓励和督促下，里根终于坚持了下来。几天过后，他发现身上的疼痛消失了，随着时间的推移，跑起来越来越轻松，甚至可以超过父亲了。

根据里根的爱好，父亲教会了他游泳等运动技能，并为他制订了一个简单的锻炼计划。里根的体质越来越好，很少生病，个头也比同龄的孩子高出一大截。上中学以后，里根仍旧坚持体育锻炼，身体也越来越强壮。在父母的支持下，里根参加了学校的田径队，还在橄榄球队打右卫，并且还是篮球队的主力前锋。良好的身体素质使他思维敏捷，在文艺上也显露出很高的天赋。虽然后来他没有成为一名职业运动员，但是良好的身体素质为他在今后的体育解说和演艺工作中提供了坚实的保障。

美国因为经济的繁荣，生活水平的提高，几乎人人都有私家车，肥胖已经成为美国最大的社会问题之一。当选美国总统以后，里根不但自己仍旧坚持锻炼身体，而且鼓励全民健身运动。

人的健康同知识一样，都是财富。但它们的不同之处是财富难买健康，健康胜于财富。人的健康是人们追求生活质量的前提和基础。体弱多病带来的种种痛苦，造成心情的不悦，使人心烦体懒。即使能保持乐观精神，势必力不从心。

朋友，下决心吧，不要坐视时间流逝，站起来为健康加点油，每天早晨锻炼身体，慢慢坚持下去，你就能体会到健康就是幸福，健康就是快乐！

感悟心得：

6.养成良好的生活习惯

什么是“习惯”？字典上说，习惯就是长期重复地做，逐渐养成的不自觉的活动。那么，好习惯当然是长期以来重复地做的好的活动，它是我们平时每天每时每刻播种“好行为”结出的“果实”。

我们应该常常告诫自己：“注意你的思想，它们会变成你的言语；注意你的言语，它们会变成你的行动；注意你的行动，它们会变成你的习惯；注意你的性格，它会决定你的命运。”因为好习惯和坏习惯都具有很强大的力量。

保罗·盖蒂认为，“好的习惯让人立于不败之地，坏的习惯则让人从成功的宝座上跌下来。”拿破仑·希尔觉得这句话很有道理。

有一段时期，盖蒂抽烟抽得很凶。一天，他去法国度假的途中，在一个小旅馆投宿。晚上下起了大雨，地面特别泥泞，开了好几个钟头的车之后，盖蒂实在是累极了。吃过晚饭，他就回到自己的房间里，睡着了。但是清晨时分盖蒂突然醒了过来，他很想抽支烟，于是他就打开了灯，很自然地伸手去摸他一般都会放在床头的烟，但是没有。他下了床，到衣服的口袋里去找，也没有。于是他又在行李袋里找，结果他又一次失望了。他知道这个时候旅馆的酒吧和餐厅早就关门了。他想，这个时候把不耐烦的门房叫过来，实在是不可能。现在他唯一能得到香烟的方法就是穿好衣服，到火车站去，但是那还在6条街之外呢。

看来情形并不乐观，外面还下着雨。他的汽车也停在离旅馆还有一段距离的车房里。而且，在他住店的时候，别人也提醒过他了。车房的门是午夜关，第二天早上6点才开门，现在能叫到出租车的概率也相当于零。

显然，要是他真的迫切地需要一支烟，那么，他只能在雨里走到黑暗中。抽烟的欲望不断地折磨着他。于是，他下了床，脱下睡衣，穿好衣服，准备出去。正在他伸手拿雨衣的时候，他突然笑了起来，笑自己傻。他突然觉得，自己的行为多荒唐可笑。

盖蒂站在那里，心里不停地想着，一个所谓的知识分子，一个商人，一个认为自己有足够的智慧可以对别人下命令的人，居然在三更半夜要离开舒适的旅馆，冒着大雨走上好几条街去买香烟。

盖蒂也是生平第一次注意到，他现在早就养成了一个坏习惯，那就是为了一个不好的习惯，他可以放弃极大的舒适。看来，这个习惯对他并没有什么好处，于是，他的头脑立刻就清醒了过来，很快他就作出了决定。

他已经决定好了，就走到桌子旁边把那个烟盒团起来扔出去，然后重新换上睡衣，回到舒服的床上。心里怀着一种解脱，甚至是一种胜利的感觉，很满足地关上灯，合上了眼睛。在窗外的雨声里，他进入了

一个从来没有过的深沉的睡眠。自从那个晚上之后，他再也没抽过一支烟，也再没有想过要抽烟。

盖蒂说，他并不是想用这件事来指责那些有抽烟习惯的人。但是他经常回忆那天晚上的情形，他只是为了表示，按照他当时的情况，他差点被一种恶习俘虏。

经常做一件事就会形成习惯，而习惯的力量是难以抗拒的。但是人类还有一种潜藏的缓冲能力，也不容小觑。既然人有可能养成一种习惯，那肯定他也有能力改掉这种习惯。

还有些人说，奇怪的是，养成好习惯很难，可一个坏习惯却在不知不觉中就已经形成了。但是，事实并非如此，这还要看一个人的毅力。不管怎么说，习惯终归是习惯，并没有合理的理论说坏习惯要比好习惯更容易养成。

准时是一个良好的习惯。

动作敏捷或迟缓只是个时间的问题，一个人要么习惯了准时，要么他就会习惯迟到。

一个准时的人，总会体会到这种习惯给他带来的好处，无论是约会，会议，还是什么别的方面的承诺。如果别人请你吃饭，你迟到了，那就会给主人和其他的客人造成不便。你可能会因此而变得很不受欢迎，以后人家都不会再请你吃饭了。

拿破仑·希尔认为，对商人来说，准时是一项特别宝贵的资产。俗话说，“时间就是金钱”，这句话永远是正确的，现在这个时代里，这个原则比以前更加重要。现代企业的步调是一日千里，分秒必争。主管和高级职员的每日安排都是满满的，因为他们可没有多余的时间可以浪费，就像生产线不能耽搁一样。对我们青少年来说，时间愈加重要，抓住时间准时做好每一件事，是将来获得成功的关键。

守信是一个好习惯。守信对生意人来说，是个难得的品德，最有希望成功的商人和公司，他们一定是准时接受订单，准时回复并交货，提供服务，准时付款，准时还债。如果等时间已过去了，订货还没到，那顾客下次可能就不找你了。守信对于一个政府官员来

说，不仅能创造良好的公众形象，而且让老百姓的心中充满了向心力，使我们的社会更具凝聚力。守住对于我们青少年来说，是我们必须具备的良好品格。守住了诚信就守住了一方净土，守住了诚信就留住了成功，守住了诚信中华民族才能有更加辉煌的明天。

节俭是另外一种需要我们养成的习惯，对天生节俭的人来说，这个习惯给他带来的成功的机会要比别人多。而习惯了节俭的人，他只知道在平时就要注意节减开支和成本。在今天，竞争这么激烈的商业社会里，就算是在很小的地方去节省，积少成多，最后节省出来的东西也是可观的。甚至可能造成赢利和亏本的区别。

有一个工匠手艺很好，做出来的东西精巧而细致，生意兴隆，赚了很多钱。可是他却不知道如何节俭，所以钱总是不够用。

工匠的一个邻居，原来很穷，后来不知道为什么变得很富有。有一天，工匠特地前去拜访富翁，请教致富之道。

到了富翁家，工匠说明来意，富翁笑了笑说："说来话长，但也很简单，请你先等一等。"于是，站起来把灯关了。

工匠马上明白过来了，高兴地说："我知道了，原来致富之道，就是'勤俭'二字。"

不为小事而生气也是一种好习惯。人生就是一个重复的烦琐过程，因此说引起人们生气的原因有很多，其中为小事生气是一种不良情绪的宣泄。当人们碰到不愉快的事情、现实和自己的想法不一致、对现状不满时都会生气，是一种不愉快的情绪体验，对人体健康有很大的影响。主要和持续的时间和强度有关，情绪有波动是允许的，但是波动的范围不应超出正常的范围，时间也不要超过正常的时间。因小事生气，一会儿就会忘了，对身体没有多大的影响。但如果相反，因小事生气而大动干戈就不然了……然而生活中这种因小事而生气的情况可以说是随处可见：在公共汽车上某人踩了你一脚，在路上走谁撞了你一下，丢了钱包……遇到这些小事，在生气前，其实你应该先问问自己，这样的小事值不值得生气，或许你就不会再生气了。有人专门对生气做过研究，结论令人吃惊，人们日常生活中所生的气，大多是不该生的气。当他人无意或在不得已的情况下“冒犯”了你，就应该站在他人的角度为他人想想，相信你就不会那么轻易生气了。闲气是由生活小事而引起的，大多是因为涉及家庭成员、亲戚朋友，由生活琐事而引发。我们平时要严于律己，宽以待人，加强文化知识的学习，培养高尚的人生情趣。当具有较高文化知识修养时，看问题就会比较开通。当你有一颗宽容

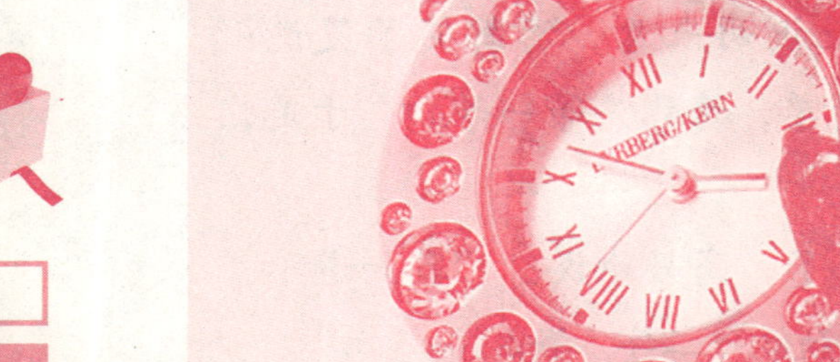

的心，一般情况下，也就不会因为这些小事而生气了。

诚然，用心去体会一下，其实生气并不是一种先天性的情绪和行为，而是后天学到的。人们生不生气，可以自己控制。生气和消气是人类情绪正常的代谢，每个人都是通过不断地生气和消气来维持心理平衡的。生气时，尽量不要伤害到别人，采取适当的方式宣泄，千万不要采用自我压抑、酗酒、疯狂购物、回避社会、拒绝与人交往等方式，这样很难从不良情绪中走出来，会造成心理防御机制使用不当，形成躯体形式障碍，有病查不出来。

生活方式的点点滴滴都可以是一种习惯的行为模式，一个想成功的人，必须知道习惯的力量是相当大的。他也必须了解，要养成好习惯，必须一直努力地去做，同时要警惕那些可能会破坏他的好习惯的恶习，还要赶紧养成对自己的追求有帮助的好习惯。

习惯到底是什么呢？如你用筷子吃饭，如你用右手写字。习惯重要，它可以有利于你一生，而你也有可能就因为它而苦恼不已。我们是不是应该养成一些有益于我们的习惯呢？俗话说：冰冻三尺，非一日之寒。让好习惯伴我们快乐成长。 在你的成长历程中，一定也有很多好习惯伴随着你，快来和大家一起分享吧。

感悟心得：

第三章

幸福是拥有健康的心态

当别人批评、责骂、建议或者指出你的不足时，你会怎么做？是将其看成是善意的，看成是“关爱、帮助和造就”，并以感恩和学习的心态，虚心听取、反省，还是将其看做是对你的侮辱、诋毁、恶意作为呢？这取决于你的心态。一个人生活在社会中，总要扮演一个或多个社会角色，每个人的社会角色不同，心态就不同，也就必然会怀着这种心态对待人生。一位哲人说：“你的心态就是你真正的主人。”

一位伟人说：“要么你去驾驭生命，要么是生命驾驭你。你的心态决定谁是坐骑，谁是骑师。”为什么拿破仑能够顶住压力而叱咤风云？为什么海伦·凯勒在双目失明的情况下，依然心中有光明之梦？这个秘密就是“健康心态”在起作用！

1.保持一份良好的心态

瓦伦达心态是心理学上的一个著名论断。它缘自一个真实的事件。

瓦伦达是美国一个著名的钢索表演艺术家，以精彩而稳健的高超演技闻名。他从来没有出过事故，因此，当演技团这一次要为重要的客人献技时，决定派他上场。瓦伦达知道这一次上场的重要性：全场都是美国知名的人物，这一次成功不仅仅将奠定自己在演技界的地位，还会给演技团带来前所未有的支持和利益。因而他从前一天开始就一直在仔细琢磨，每一个动作、每一个细节都想了无数次。

演出开始了，这一次他没有用保险绳。因为许多年以来他没有出过失误，他有百分之百的把握不会出错。但是，意想不到的事情发生了，当他刚刚走到钢索中间，仅仅做了两个难度并不大的动作之后，就从10米高的空中摔了下来，一命呜呼。

事后，他的妻子说：“我知道这次一定要出事。因为他在出场前就这样不断地说，‘这次太重要了，不能失败’。在以前每次成功的表演，他只是想着走好钢丝这事的本身，不去管这件事可能带来的一切。”

瓦伦达太想成功，太专注于事情本身，太患得患失了。如果他不去想这么多走钢索之外的事情，以他的经验和技能是不会出事的。心理学家把这种为了达到一种目的总是患得患失的心态命名为“瓦伦达心态”。

美国斯坦福大学的一项研究也表明，人大脑里的某一图像会像实际情况那样刺激人的神经系统。比如，当一个高尔夫球手击球前一再告诉自己“不要把球打进水里” 时，他的大脑里往往就会出现“球掉进水里”的情景。这一情景会指挥他的行动，结果事情不是像他希望的那样发展，而是向他害怕的方向发展——这时候，球大多都会掉进水里。这项研究从另一个方面证实了瓦伦达心态。

我们在做事情的时候，有时不必去思虑得太多。不去多想，马上去做，打断反复去思维的逻辑和习惯，走出一步，往往做事情的勇气就随之产生了。这就是由“瓦伦达心态”产生的效应。没有了成败的忧虑，人就自然变得轻松自如，因为害怕失败本身也是一种失败。

大哲学家苏格拉底娶了一个又丑又凶、毫无修养且刁横泼辣的女人为妻。按常理说他们之间应该是矛盾不断、战火连绵，可奇怪的是苏格拉底却能很好地与其妻相处，一次次避免矛盾发生，化干戈为玉帛。当别人问大哲学家为什么能与这样一位近乎魔鬼的女人长期相处时，苏格拉底却笑着说：“我能长期与一个这样的人天天生活在一起，而且处理好关系，那我将能与世界上任何一个人保持良好和谐的关系。”

其实，世界上的万事万物都是人心灵的一种主观反映，幸福快乐也是人的主观感觉。你感觉到幸福，人生便幸福，你感觉到痛苦，人生便痛苦。同样的处境和遭遇，在不同心态的人身上便有不

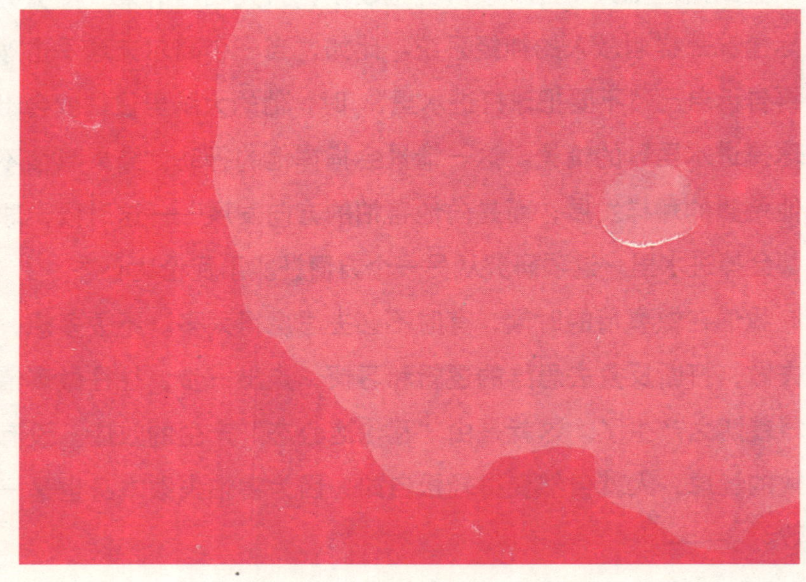

同的看法、态度和行为方式。正如两个人从牢中的铁窗望出去：一个看到泥土，一个却看到了星星。不同的心态，造成希望和失望的区别，也带来人们截然不同的命运。

心态的好坏，在于平常的及时调整和修炼并形成习惯。凡事看开点、看远点、看淡点，做到豁达些、大度些，相信“任何事情的发生必有利于我”且“办法总比困难多”，也就没有流不出的水和搬不动的山。每天进步一点点，这样便能养成习惯，树立积极乐观和宽容豁达的良好心态，从而获得心灵的宁静和人生的快乐，带来事业上的成就和生活上的美满幸福。

苏格拉底的故事启迪我们：一个人所取得的成就，一个人所交的朋友，一个人对子孙后代所作的贡献，所有这些人生的内容，都是由这个人的心态所决定的。这则故事正好向我们提供了一个心态良好的范例。苏格拉底的平常心、乐观心和宽容心可以说是我们永远学习和追求的终极目标。

常言道：积极的人像太阳，照到哪里哪里亮，消极的人像月亮，初一十五不一样。心态好，运气就好。精神打起来，好运自然跟着来。

邻居的孩子小江读高三，6月份就要高考了。可从3月起，他就开始出现严重的失眠，首先还可以用“数羊”的办法解决，到4月中旬就出现整晚整晚地无法入睡。睡眠不好直接影响到孩子的成绩直线下滑，成绩下滑后，他的脾气就越来越大，在学校经常是一天一句话也不讲，回家后则对着父母的大

骂、摔东西。前几天他朝墙壁撞头，一下一下好狠地撞着，撞得邻居心里发慌啊！邻居知道孩子压力大，可这样下去怎么行呢？他知道我曾参加过高考，问我有没有让孩子减压的好办法。

6月是考试的季节，面对着越来越紧张的学习，很多学生出现焦虑、失眠、注意力下降、成绩下滑等现象，为了帮助邻居，我特意带邻居请教了专职心理医生聂老师，教学生排解压力。

“据了解，有45%的考生在模拟考试或考前两三个月就开始出现焦虑症状，如失眠、记忆力下降、厌学、心慌、尿频尿急、成绩急骤下降等现象，我们把它称为无氧呼吸期，或者高原期。”聂老师告诉我们，在大考即将来临之际，学生应该在情绪、生物钟、饮食、应考技巧、复习策略上做好调试，这样才

能减少压力，获得最后的胜利。

保持积极良好的心态最关键，情绪来源于压力，学生应该从不同的角度来看待高考，高考只是个转折，只是人生的一部分，并没有起着决定作用。对考生而言，保持积极良好的心态非常重要。在认知上，不要把高考看得太沉重，保持平常心就可以。无论考前、考中，考生都要心情稳定，充满信心。不断提醒自己："我一定行，没有必要紧张"、"我有实力"等，相信自己的力量。

亲爱的同学们，面对几周一小考，几月一大考，甚至中考和高考，你都调整好心态了吗?

感悟心得：

2.幸福的人有健康的心态

健康，包括心态的健康。心态不健康的人，不能够算是一个健康的人。所以，人人都应该重视培养自己良好的心态。世界卫生组织关于健康的定义是这样的：健康是一个人在身体、精神和社会等方面都处于良好的状态。健康不仅仅是指没有疾病或病痛，而且是一种躯体上、精神上和社会上的完全良好状态。也就是说，健康的人要有强壮的体魄和乐观向上的精神状态，并能与其所处的社会及自然环境保持协调的关系。

一个人要改变行为，首先必须改变心态，改变思想，改变观念。如果心态不改变，思维不开放，不可能接受新思想，不可能树立新观念，因而就不可能采取新的行动。

未老先衰的人是不思进取、听天由命的人。他们人不老，却观念老，思想老。有些20多岁的人，没有像样的专业和技能，找不着好的工作，他们就是不想办法改变自己，总是安于现状，惧怕挑战自己，拒绝调整自己。他们不相信，只要随时准备改变，随时迎接挑战，随时重新开始，每一天都是新的。他们是这个社会上最容易失业的人，他们也是一旦失去既得的东西就一蹶不振的人。他们要想改变命运，也简单，只需要改变心态，开放自我。

天天闷闷不乐的人、牢骚满腹的人、愤世嫉俗的人，他们最大的缺陷就是不快乐。而他们不快乐的唯一根源就是心态。

他们遇到阴天，说："真讨厌，什么天哪！"

他们遇到晴天，说："真可恶，太阳晒得我快冒油了！"

他们遇到堵车，说："真他妈的，这交通实在是太要命了！"

他们遇到路上没有车，说：“真无聊，这路上连个开车的伴儿都没有！”

……

有这样一个故事：

小白兔长大了，开始不只希望有胡萝卜，开始期待爱情……

灰兔子很好，总是把胡萝卜给我吃，可灰兔子真的就是我的爱人吗？

小白兔背了很多灰兔子送她的胡萝卜，告别了灰兔子，走进了森林。小白兔最先遇到大雁，小白兔以为，他们相爱了，可慢慢地，小白兔发现，她永远无法追上大雁的脚步，当大雁飞起来的时候，她只能仰着头不停奔跑。她的脖子很酸，也跑得很累了，小白兔偷偷想到放弃，可是没有说出来。有一天，大雁告诉小白兔——我要离开你，因为你不能和我一起飞翔。这是小白兔的初恋，她哭红了眼睛，带着剩下的胡萝卜继续向前走。

大雁不是我的爱人，我没法和他并肩向前走。

小白兔遇到了大熊，她觉得自己甚至都不喜欢大熊，更谈不上爱情。可是大熊说，森林其实很危险，要陪她一起往前走，直到小白兔遇到她的爱人。

大熊对小白兔很好，会在天气很冷的晚上把小白兔放进树洞，自己挡在洞口，会在食物很少的时候把自己的晚餐省下来给小白兔做第二天的早餐。

大熊也很好，但是我要怎么告诉他我更需要天冷的时候可以依偎在一起取暖，还有，我不喜欢跟他吃相同的东西。

就在这个时候，大熊遇到了狐狸，狐狸很美，她说自己喜欢大熊，想跟大熊在一起。大熊告诉小白兔——我只想跟你在一起，我并不爱狐狸。

可最后，一天早上小白兔醒来的时候，发现树洞口没有大熊的身影，他不告而别了。小白兔知道，大熊跟着狐狸离开了。

小白兔整理背包，想要继续向前走，她突然发现，背包里多了很多胡萝卜。

大熊终于想明白我要什么，可还是离开了。他不会回来了吧，也许这样，对我们都很好。

在一个下雨天，小白兔遇到了狼，虽然她很清楚跟狼在一起，最后受伤的只会是自己。可是，小白兔还是不可救药地爱上了狼，每天提心吊胆地跟他在一起。终于，狼还是在一个下雨天，挥手赶走了已经遍体鳞伤的小白兔——

我已经厌倦你了，你快点离开吧。

小白兔收拾背包，里面的胡萝卜已经不多了，该不该继续往前走，真的会得到爱情吗？她把背包放在树下，看着外面的风雨。

我是不是不应该爱上狼，或者，我是不是不应该走进这森林里寻找我都不确定是什么的爱情？

小白兔开始想念以前跟灰兔子一起的生活，可是，走了这么远的路，她还走得回去吗？突然，小白兔明白了什么才是自己真正的幸福。

有时，只要我们改变一下自己的心态，你就是一个幸福的人。

一个背向太阳的人，只会看到自己的阴影，一旦转过身来，眼前就会充满明媚的阳光。记住本杰明·富兰克林说的这样一句话吧：“当事情无法改变时，我们可以通过改变态度来改变自己的处境。”朋友们，你是怎样看待生活的呢？

感悟心得：

3. 自信，快乐幸福的秘诀

一个人活着，应该知道自己做什么和怎么做。做什么，是由他的价值观决定的，怎么做却是由他的审美观决定的，而能不能做下去则是由他的意志决定的。意志来自何方？意志就来自他的自信。一个司机在看似不可能行驶的狭路上急行，是自信；一个矮小的武士毫无惧色地站到一个人高马大的擂主面前去，也是自信。这不是莽撞和无知，而是老道和英勇。司机之所以敢在狭路上急行，那是因为他知道车轮的大小与道路的宽窄是成比例的，再加上他的娴熟的驾驶技术，所以他敢开快车。而小个子武士敢挑战大个子擂主，则是一种英雄气概！

当我们做某件有希望成功的事情的时候，我们的身心是多么的舒畅，我们的感觉是多么的快慰，这难道不就是我们所需要的快乐幸福吗？如果我们因为怕失败，怕吃苦，如果因为舍不得这个舍不了那个而放弃我们想做或必须做的事情，那么，我们就会像被梦魇控制了一样痛苦不堪。很多人总是说自己这不行那不行，说自己天生愚钝懒散，做这个不行，做那个也不行，其实，这都是因为缺乏自信。如果我们拥有了自信，我们何愁没有才华和力量，我们何愁没有机遇和成功！

一棵树都知道在任何情况下想方设法地去施展枝叶获取阳光，去扎根大地吮吸营养，一个人难道不更应该在任何情况下都挺直了腰行走他的生活之路吗？

活着就应该自信，自信就有活力，有活力就有希望，有希望就有快乐和幸福！

这个社会在不断的发展，人们的精神需求也在不断提高，由于各个方面带来的种种压力，导致人们无心去寻找自己想要的快乐。多数人在面对这样的问题时常常感到困惑，但又找不到解决问题的方法，或者是干脆把它忽略掉了。

自信人生幸福多，一个民族有了自信心，就会振兴，一个国家有了自信心，才能强大，作为社会上的个人来说，也只有充满了自信心，才能事业有成，才能获得个人和家庭的幸福。记得毛泽东主席青年时代就说过“自信人生二百年，会当水击三千里”。他对社会未来，对人生充满着自信。

我这里要说的是一位坚强而自信的女性，并同我家在一个小区居住过2年且令人敬佩的一位女性。认识她有8年的时间了。当时体校的体育场，就在我家门前，所以常去那里晨练。体育场上人很多，有环道练长跑的，有打太极拳练太极剑的，有跳集体舞的，好一番热闹。其中那群以歌表演形式练习舞蹈的中青女性们，更是把整个体育场的欢快的气氛鼓动了起来。而且那教练竟是一位个子矮小且驼背的中年妇女。不过，在众多的跳舞人群中，因为她的动作娴熟，一招一势，都那么给人以韵味感，加上她的热情的投入，那奔放的舞姿，优美的旋律，给人带来的是艺术之美，从而也转移了人们对她身体缺陷的视线。

她不仅会跳舞，还会多种健身运动。如击剑，太极拳，多种健身操等。其中击剑可能是她的强项，大有诗人杜甫笔下公孙娘的那般好剑术。当她击剑到兴趣高潮时，路过的我与观众还真的看呆了，她舞动的长剑，导路转合自如，步伐行云流水，剑指处风生水起，

软柔中藏着刚劲的力度，看着令人惊叹！于是我心中便涌动起杜甫的诗句：“一舞剑器动四方，观者如山色沮丧，天地为之久低昂。霍如羿射九日落，矫如群帝骖龙翔。来如雷霆收震怒，罢如江海凝清光。”前几年体校的体育场迁移它处，常来这里晨练的人们也各自东西。而她选择在一个公园里同她的伙伴们继续每日不息地跳舞练剑健身。因为同住在一个小区，她又喜欢同她的爱人，一个身材高大的中年男子，傍晚相依着外出散步，见面的机会更多了。走近观察，她显得有些老态了，尤其是那身前身后像两个倒扣着的大锅似的突出身形，走起路来要用力地伸长脖子才能显出身体的直立。可当我看到他们的谈笑风生，相依相偎的亲热劲，又觉得他们生活的幸福。

如果不是她勇于与命运抗争，克服残疾之躯造成的先天不足的困难，克服人们世俗的偏见歧视，大胆地去练剑，练拳，跳舞，我想她就没有了今天的身怀多种健身技能，没有了人们投去钦佩的眼光，没有了与她丈夫结合的可能和现在家庭的幸福，更没有了今天她仍保持着青春的身心活力。所以我们每个人，在人生的旅途中，要不断地坚守信念，保有十足的自信心。

自信是一种动力，是一种发自内心的激情，是火，是光，是万有引力！幸福是一种信仰，自信是一种力量，亲爱的朋友们，你找回自信了吗?

感悟心得：

4.放弃一点就更幸福一点

人生路上，总会碰到十字路口，让人难以抉择，此时，作出正确的取舍，才能更好地把握自己的命运。

有这样一个故事：

两个穷樵夫一直靠上山捡柴为生。有一天，他们在山里发现两大包棉花，两人喜出望外。要知道，棉花的价格高过柴薪数倍，将这两包棉花卖掉，足可供家人一个月衣食无忧。当下两人各自背了一包棉花，便打算赶路回家。走着走着，其中一名樵夫眼尖，看到山路上有一大捆布，走近细看，竟是上等的细麻布，足足有十余匹之多。他欣喜之余，便和同伴商量，打算一同放下肩负的棉花，改背麻布回家。他的同伴却有不同的想法，认为自己背着棉花已走了一大段路，到了这里丢下棉花，岂不枉费自己先前的辛苦，坚持不愿换麻布。见同伴不听，先前发现麻布的樵夫只得自己竭尽所能地背起麻布，继续前行。又走了一段路后，背麻布的樵夫望见林中闪闪发光，待走近前一看，地上竟然散落着数坛黄金。他心想这下真的发财了，赶忙邀同伴放下肩头的麻布及棉花，改用挑柴的扁担来挑黄金。

他的同伴仍是那套不愿丢下棉花，以免枉费了往日辛苦的论调，并且怀疑那些黄金不是真的，劝他不要白费力气，免得到头来空欢喜一场。

发现黄金的樵夫只好自己挑了两坛黄金，和背棉花的同伴赶路回家。走到山下时，无缘无故下了一场大雨，两人在空旷处被淋了个湿透。更不幸的是，背棉花的樵夫肩上的大包棉花，吸饱了雨水，重得无法再挪动半步。背棉花的樵夫不得已，只能丢下一路辛苦舍不得放弃的棉花，空着手和挑着黄金的同伴回家了。

这则故事寓意为：鱼与熊掌不可兼得。在人生的每一个关键时刻，你必须审慎地运用你的智慧，有所选择，有所放弃，做最正确的判断，选择属于你的正确方向。

你千万不能像背棉花的樵夫一般，墨守成规并以之强渡人生所有的关卡。要学会适时适地地选择，懂得恰到好处地放弃。

我们每个人都应该读过小学课本中塞翁失马的故事。当我们碰到一件坏事的时候，我们有可能不高兴，但是这件事并不一定真的是坏事，我们当时甚至过后都并不一定有能力看到事情背后的原委。这种原委和事情的机缘也可能都是上天特意安排的。既然我们没有能力看透每一件事的真正实质，不管我们遇到什么样的事情，都应该学会高兴。

在一次国内的飞机坠毁事件中发生过这样的事。

有一个人在驾车赶往机场的路上，被一个严重违反交通法规的司机开的车撞了。紧接着，发生了一场激烈的争吵。赶飞机的这个人愤怒地指责肇事者给他造成了严重的损失，因为误了航班，也耽误了一次极其重要的商务谈判。找来警察扣下了肇事司机的本子，等待第二天好好追究一下责任。

可是，第二天被误航班的人，像招待恩人一样把肇事司机请到了一家高档酒店款待、答谢！因为他误掉的那班飞机坠毁了，机上人员全部遇难。正是这个司机救了他的命。

有时，发生一件你以为对你不利的事情，它不一定就真的对你有害。有的事情你当时没有能力明白真相。还有的事情，你过后也不一定明白事情背后的真相，你永远都没有机会明白事情背后的真相，但是它可能就是一个对你的人生有重大积极意义的转折点。既然你看到的表面现象不一定等于真相，既然你能够承认自己的判断力实际上极其可怜，那么为什么你不让自己永远都用平和的心态去面对每一件事呢？为什么不在遇到任何情况的时候都让自己保持快乐呢？

在这个世界上，在漫漫人生道路上，本来属于你的什么东西都有可能失去。但是，你总会有没有失去的东西。因此，不要留恋那失去的，而要珍惜和庆幸你仍然拥有的。朋友，有些东西是不是可以“拿得起，放得下”了呢？

感悟心得：

5.阳光总在风雨后

……

阳光总在风雨后

请相信有彩虹

风风雨雨都接受

我非常喜欢这首歌，它总是能泛起我的片片回忆，同时也让我内心释然并充满力量。

有的人为人生的坎坷而感到痛苦和不公平。但实际上，坎坷和艰苦的人生经历是人生的无价财富。人生的意义就在于经历和体验。坎坷使人变得成熟，坎坷使人练就意志，坎坷使人经历丰富。人生如果没有了坎坷，这一切就没有了来源。

千万不要期待自己的人生没有坎坷。人生，犹如一条荆棘密布、暗礁丛生的道路，人自从来到这个大千世界，便注定要经过这番坎坷，挫折和失败就像你形影不离的“朋友”，随时都将“问候”你，但为了将来那伟大的梦，你不得不慎而又慎，不得不面对挫折。

相反，一个人应该学会，在自己的心灵里，为自己的人生预留一些不好走的路。只有这样，当遇到困难的时候，才能够有足够的心理准备去应付难题。

其实，生活中的难题对每一个人的人生都是有意义的，有价值的，有帮助的。难题使人思考，难题使人奋进，难题使人坚强，难题使人得到锻炼，难题使人更有经验。如果没有了难题，所有这一切都不能存在，生活将会变得多么乏味和枯燥?

船只只有停在港湾里才最安全，但那不是造船的目的。人生就像一艘船，不经历风浪，生活有什么意义?不扬帆远航，怎么能够创造辉煌?如果没有了人生的坎坷和风浪，用什么来造就一个人的坚强和勇敢?用什么来衬托、证明、显示一个人伟大的人格和令人景仰的品质?

前段时间我看了一部非常感人的电影《当幸福来敲门》，这是一部励志题材的影片：

已近而立之年的克里斯·加德纳事业不顺且没有固定工作，生活潦倒，靠推销前几年积压的产品来维持生计。偶然间认识了证券经纪人并了解到证券公司招募实习生的消息。但是实习生有20人，他们必须无薪工作6个月，最后只能有一个人录用，这对克里斯·加德纳来说实在是难上加难。妻子也因不忍穷苦的生活，离开他和儿子去了纽约。克里斯·加德纳带着儿子亦因为极度的贫穷而曾暂住过地铁的公厕内。

但是生活的打击并没有击垮克里斯，他一直很乐观，并且教育儿子，不要灰心，尤其在篮球场的那段话记忆犹新：“别让人家跟你说，你成不了大器，即使我也不行。”凭借着勤奋的双手和过人的机敏，工夫不负有心人，克里斯·加德纳最终凭借自己的努力，脱颖而出，获得了股票经纪人的工作，后来创办了自己的公司。

艰苦的环境能够锻炼出健康的体魄；坎坷的经历可以磨炼出健康的心境。回首往事，青少年朋友，转瞬间，你们已度过漫漫人生路上十五六个春秋，多少次失败和挫折的记忆已化作尘烟，或成为遗憾，或成为悲痛，或成为激励。

朋友，人生不就是一次次艰难的跋涉，一次次壮丽的出海吗？不能任凭挫折肆虐，让我们抛弃它的阴影，放开手脚，让汗水尽情地挥洒一次，让我们在人生的沙场上再征战一番，我们必定会战胜挫折，带着成功的微笑步入更加美好的明天，正所谓"阳光总在风雨后，请相信有彩虹"。读者朋友们，你做好心理准备接受一切突如其来的困难了吗？

感悟心得：

6.学会调节心态

人的心情和情绪本来需要管理，不能够让它自由放纵。那么如何管理自己的心情呢？当你的心情和情绪符合你的处世原则和人生目标的时候，你可以随从它。当心情和情绪违反你的处世原则和人生目标的时候，你就应该控制它，调整它，纠正它，扭转它，改变它。曾经有一位足球教练说过这样一句话：态度决定一切。好心态会让阴雨连绵的日子出现阳光；会让冰封的河流解冻；会让枯萎的花朵开放；会在荒途末路的地方踏出一条新的道路来；会让失望燃起一簇火苗来。好心态会让你骤然绽放一种新的面容，会像是点燃一根爆竹的捻儿，能响起你意想不到的声音，怒放出你意想不到的花朵。好心态助你成就完美人生。

有的人遇到什么事情都表现得不顺心，都把不好的心情写在脸上。好像只有他是个可怜虫，是个苦命蛋。你为什么让那些客观的、人人都必须面对的、你根本就无法改变的事情，去惩罚你的心情呢？

我们应该明白，心态是可以管理的，心情是可以管理的，情绪是可以管理的，习惯也是可以管理的。让自己快乐的方法就是：逐步培养一种习惯，不为生活中的不可控制因素而烦恼；不为决定不了的事情而发愁；不为没有决定权的事情而操心；用乐观的心态面对所有烦心的事。每一个人都能够主宰自己的心情。你过多地往什么方向想，你的心情就会变成什么样。你心里总是执著于想不高兴的事情，你能高兴吗？

如果你能够透过一切纷繁的事物去欣赏每天呈现在你面前的

美好事物，你永远都欣赏不完。如果你每天都用微笑的神态去面对所有的人、所有的事，你得到的回报就是快乐的心情。有了这样的心态，你的心情将会永远充满阳光。我们把这种心态称之为快乐心态，或者叫微笑心态。

如果用这种方法你把自己改造成为一个快乐的人，你在什么情况下都会快乐，因为快乐已经成为你的习惯和性格。这就叫做乐观主义。无论在任何困难面前都仍然保持快乐，就叫做豪迈主义。每一个人实际上都认识这样的人，这种人拥有良好的人缘和人际感染力。 如果你是一个儿子或女儿，你知道吗？你能够给你的父母的最好的礼物就是快乐；你能够最让你的父母放心的还是快乐。如果你是孩子的父母，你能够给孩子的最大的感染力就是快乐。记住，不管什么样的心情都是可以传染的。不要把不好的心情传染给你的亲人。

感悟心得：

7.学会宽容，培养自己宽广的胸怀

种植宽容忍让，使得不同个性、心态的人能够在一起和平共处。宽容别人就是善待自己。宽容是一种气度，一种胸怀，是对人对事的包容和接纳，也是一种智慧，一种境界。有了宽容忍让，就有了和平、平安的环境，人类才可以享受没有战争的和平世界。宽容忍让不同于谄媚、屈辱和丧失人格。宽容忍让不但是仁爱的体现，也体现了一个人的修养和高尚品格，更能化祸为福，使自己轻松无忧。

曾看到过这样一则广告：

“什么是宽容？”

“宽容就是被践踏的小花所散发出的芳香。”

仔细想来，宽容就是如此简单而美丽！像那迎风摇曳的一朵小花，被马蹄踩过，被车轮碾过，但只要它不死，它便会仍旧绽开笑脸，把它的芬芳沾到车轮上，沁入马蹄中，融入人心处。如此博大的胸怀却隐藏在一朵柔弱的小花中，它不忧不怒，无心无语，它的这一举动相信多少都会给那些追求宽容者一些感悟。

哲学家康德说：“生气，是拿别人的错误惩罚自己。”想必优雅的康德大概是不会有暴风骤雨的，心情永远是天朗气清。别人犯错了，我们为此雷霆万钧，那犯错的该是我们自己了。

现代的戴尔·卡耐基不主张以牙还牙，他说：“要真正憎恶别人的简单方法只有一个，即发挥对方的长处。”憎恶对方，恨不得食肉寝皮敲骨吸髓，结果只能使自己焦头烂额，心力尽瘁。卡耐基说的“憎恶”是另一种形式的“宽容”，憎恶别人不是咬牙切齿饕餮对手，而是吸取对方的长处化为自己强身壮体的钙质。

曾看到这样一则故事：

在一次战役后，命运将两个地位悬殊的人拉到了一起：一个是年轻的指挥官，一个是年老的炊事员。

他们在逃亡途中不期而遇，他们又不约而同地选择了相同的逃亡路径——沙漠。追兵止于沙漠的边缘，因为他们不相信会有人能够从那干旱的沙漠里活着出去。

年老的炊事员对年轻的指挥官哀求道：“请把我带上吧，丰富的阅历教会了我如何在沙漠中辨认方向，我会给予你帮助的。”指挥官麻木地下了马，他望着老人花白的双鬓，心里不禁一颤：由于我的无能，几万个鲜活的生命从这个世界上消失，虽然我没有资格再活在这个世上，但我有责任保护这最后一个士兵。于是他把老人扶上了战马。

他们在一望无际的沙漠中跋涉。这里没有一个标志性的东西，使人很难辨认方向。“请跟着我走吧！”老人果敢地说。指挥官跟在他的后面。

如火的阳光将沙子烤得如炙热的煤炭一样，喉咙干得几乎要冒烟。他们没有水，也没有食物。老人说：“把战马杀了吧！”年轻人怔了怔，唉，要想活着出去也只有这样做了。年轻人取下腰间的军刀……

“现在马没有了，我也走不动了，请你背我上路吧！”年轻人又一怔，心想，你有手有脚，为什么要人背着走，这要求着实有点过分。但长期以来，年轻人都处在深深的自责之中，老人之所以要在沙漠中逃生，完全是由于自己的不称职所致。因此他此刻唯一的信念就是让老人活着走出沙漠以弥补自己的罪过。年轻人背着老人一步一步艰难地前行，在大漠中留下了一串深陷且绵延的脚印。

他们就这样前进着，1天，2天……10天。茫茫的沙漠好像是永无尽头。白天，年轻人是一匹任劳任怨的骆驼；晚上，他又成了最体贴周到的仆从。然而，老人的要求却越来越多，越来越过分。他会将两人每天总共的食物吃掉一大半，会将每天定量的马血多喝好几口。年轻人对此从没有怨言，他只希望能将老人平安地送出沙漠。

他们越来越虚弱，直到有一天，老人奄奄一息了，“你走吧，别管我了。”老人忿忿地说，“我不行了，还是你自己去逃生吧。”

“不，我已经没有了生的意念，即使活着我也不会得到别人的宽恕，你要挺下去，我一定会把你送出沙漠的。”

老人苦笑道：“说实话，这些天来难道你就没有感到我在刁难、拖累你吗？我真没想到，在这样的环境下，你的心还可以包容下这些不平等的待遇。”

年轻人痛苦地说：“我此刻只有一个念头，那就是让你活着出去，你让我想起了我的父亲。”这时，老人从身上解下了一个布包，“拿去吧，里面有水，也有吃的，还有指南针，你朝东再走一天，就可以走出沙漠了，我们在这里的时间实在太长了……”老人闭上了眼睛。

“你不要睡，你醒醒，我不会把你丢下不管的，我要你和我一起走出沙漠。”老人勉强地睁开眼睛，无力地说道：“你……你……你真的认为这沙漠漫无边际吗？其实，从我们进入沙漠的那一刻起，只要走3天就可以出去了，我只是带你走了一个圆圈而已。我亲眼看着我两个儿子死在敌人的刀下，他们的血染红了我眼前的世界，这全是因为你。我曾想与你同归于尽，一起耗死在沙漠里，然而你却用胸怀融化了我内心的仇恨，我已经被你的宽容大度所征服。你要好好地活下去，世上需要你这样的人。”老人面带微笑地离开了这个世界。

年轻人震惊地矗立在那儿，顿感自己仿佛又经历

了一场战争，一场人生的战斗。他得到了一位慈父的宽容。此刻他才明白武力征服的只不过是人的躯体，只有靠爱和宽容才能真正赢得对手。

年轻人跪在沙地向老人叩了3个响头，然后怀着宽容之心，向希望走去。

这个动人的故事告诉了我们宽容的深刻含义。宽容是一种博大，它能包容人世间的喜怒哀乐；宽容是一种境界，它能使人生跃上新的台阶；宽容是一种幸福，我们饶恕别人，不但给了别人机会，也取得了别人的信任和尊敬，我们也能够与他人和睦相处；宽容是一种财富，拥有宽容，是拥有一颗善良、真诚的心；宽容更是“宰相胸襟”般的大将风度。

在中国历史上，李世民算得上是比较宽容的人了。他也正是靠这一点得到重臣相助的，从而开创了唐代的盛世与贞观之治。在唐朝王室争权中，魏徵曾鼓励太子李建成杀掉李世民，玄武门之变中李世民夺取地位后，不记旧恶、量才重用，使魏徵觉得“喜逢知己之主，竭其力用”，为唐朝立下了汗马功劳，他对大臣们知人善任，还造就了房玄龄、长孙无忌等一代卓越的政治家。细细想来，李世民若是心胸狭隘，凡

事斤斤计较，对别人的过失总是耿耿于怀之人，也许就不会谅解魏徵，历史上也许就不会出现“贞观之治”、“唐太宗”这些词了。

因此，宽容不仅是容忍他人的小错误，还包括为人豁达，不念旧恶、得理让人等等。不计前嫌，以礼相待则显得更加难能可贵，其更能表现出宽容者品德高尚的一面。“人非圣贤，孰能无过”当我们犯了错时，多么渴望得到他人的谅解啊！那么为什么别人犯错误时我们就不能将心比心呢？原谅他人，他将心存感激。与其比起来，能做到得理也让人就较难了，当和别人处于竞争之时，我们常会自恃有理，据理力争，决不罢休。殊不知，即使你有理，但是你的话可能已经伤害了对方，使他尴尬，下不了台。甚至恼羞成怒，你也不大好受，这又何苦呢？

俗话说：“良言一句三冬暖”，宽容是冬天皑皑雪山上的暖阳；恶语伤人六月寒，如果你有了宽容之心，炎炎酷暑里就把它当作降温的空调吧。

宽容是一种美。深邃的天空容忍了雷电风暴一时的肆虐，才有风和日丽；辽阔的大海容纳了惊涛骇浪一时的猖獗，才有浩渺无垠；苍莽的森林忍耐了弱肉强食一时的规律，才有郁郁葱葱。泰山不辞抔土，方能成其高；江河不择细流，方能成其大。宽容是壁立千仞的泰山，是容纳百川的江河湖海。

宽容绝不是你想象中的软弱无能。恰恰相反，要想做到这一点，你必须具有极大的忍耐力和勇气。宽容也绝不意味着娇惯和溺爱。对自己周围的人，甚至对自己的家人和亲密朋友，一旦发现他们有缺点和错误，要坚决地批评、规劝和制止，而不能姑息迁就。在宽容背后是一颗仁爱之心。宽容本身来自于爱心，没有爱心的人是不会宽容别人的。要做到宽容还必须懂得尊重别人，不能把自己的意志强加给别人。应该在互敬互爱的气氛中解决各种纷争和

矛盾，设身处地地为他人着想。这样才能消除怨气。“水至清则无鱼，人至察则无徒”。一味过分地苛求别人，是宽容的最大忌讳。因此，我们要做到宽以待人、严于律己。

只要你怀有一颗宽容之心，在我们的生活中随时随处都有施展宽容别人的机会。只要我们心中充满爱，时刻想着别人的幸福与健康，从现在做起，从我们的身边做起，尽可能地宽容地对待他人，相信你一定会有许多意想不到的收获。向别人开启一扇窗，同时也是让自己领略到更完整的天空。有了宽容的胸怀，就会有容天容地、容江容海的崇高和博大，更有来自心底的、真正的快乐，更重要的是你给别人一次机会，同时你也得到了一次机会。你给予别人的机会越多，你得到的机会也就越多。

宽容能为自己带来幸福。一个人只有拥有了一颗宽容的心，才能坦然面对自己的人生。

宽容是一笔财富，拥有宽容，就拥有了一颗善良、真诚的心。它是我们心中的一盏灯，帮助我们在人生的道路上走得更坚定。名

人大都拥有宽容的美德。毕加索对冒充他的作品的假画，从不追究，看到有伪造他的画时，最多只把伪造的签名涂掉。他说“我为什么要小题大做呢？作假画的人不是穷画家就是老朋友。我不能让老朋友为难。而且那些鉴定真迹的专家也要吃饭，而我也没吃什么亏。”有一位伟人说过：“唯宽可以容人，唯物可以载物。”这句话验证了这个宽容的事例。

宽容有时很简单，只需微笑一下就可以了。微笑是一个人最好看的表情，是一句不学就会的世界通用语。笑是关切、友善、自信、成功；笑能化解矛盾，融化愁绪。如果我们面对别人的过错，微微一笑，那么这个世界一定会更好，因为我们宽恕了别人。

宽容是幸福的阳光。古时候，有一位德高望重的禅师夜间到户外练功，无意间发现了寺院的高墙边多了一把椅子，禅师知道这是有违背寺内规定的徒弟到寺外去了。正在这时，墙外传来了脚步声，禅师猜到这是徒弟回来了，于是趴在椅子上，回来的徒弟爬过墙，踩到软软的“椅子”上，觉得奇怪，低头一看，原来自己踏着师父的背了，于是顿时感到很羞愧，只好等待师父的严厉责罚。可是老禅师并未发怒，只是温和地说："时间不早了，快回去吧！"后来的日子，禅师再也没有提起这件事。小徒弟从禅师的宽容中获得了启迪，此后再也没有违背寺内规定，而是一心苦练，最后也成了寺院里一位德高望重的禅。

这个故事，让我们从心底深处感悟到宽容，美丽得像天空一样高远、辽阔，使生活着的人们忘却了冰雪的冷酷和风雨的暴虐，而倍感阳光的温暖和彩虹的绚丽，宽容成了人们心中幸福的阳光。

在现实生活中，为了一件小事而斤斤计较的人存在着，更有甚者，不知道什么是"宽容"，在他们的人生字典中根本就没有这个词。当然，世界这么小，朋友会交到，冤家、对手也会相遇。如果一个人不是为自己度过欢乐的时光，那真是白来世上了。因为生活是自己的，应该由自己好好地把握。有的时候，对手比朋友更重要。有朋友的鼓励，也有对手的嘲笑；朋友希望你能做什么，而对手是让你一定要做成什么；我们在感谢朋友的同时，也别忘了感激你的敌人，因为有他们的追逐才使你跑得更快，有他们的针锋相对，你才会更努力，所以有时对手比朋友的作用还大。

如果做不到，那么，先看看别人为鸡毛蒜皮的小事而大打出手时的那副德性，你就会知道自己如果控制不住，你也就与别人一样。无论一个什么样的人，如果没有一颗宽容的心，那他将无法过好生命中的每一天。"如果由于别人比我们更加幸运而内心不安，那我们将永远不会快乐。"对于别人的斤斤计较，你不必融入其中，在不损害你的尊严和人格的条件下，哪怕是吃点物质上的亏，都不必太在意，你会因为宽容而心安，因为宽容而幸福!

宽容不是软弱，而是不与别人计较，不把矛盾激化。宽容是在面对问题的时候拥有冷静的头脑，是以最佳的方式避免最坏的结

果。宽容不是被动的认输，而是一种主动的放弃，当你放弃那些激烈的言辞、冲动的举止和报复的渴望时，你才是宽容的人。宽容是一种做人的智慧，在不计较的同时伴随着劝人向善的引导，如同那芬芳的小花在感召人的灵魂。

学会宽容，就学会一种良好的做人方法。生活中宽容的力量是巨大的。因为批评会让人不服，羞辱会让人恼火，威胁会让人愤怒。唯有宽容让人无法阻挡，无法反抗。周总理以其容纳天地的博大胸怀，在外交上奉行求同存异、和平共处方针，造就了他伟大的人格，树立了中华民族的大国风范。同样，邻里间团结和睦需要宽容，夫妻间白头偕老离不开宽容，一个健康文明进步的社会处处离不开宽容。假如没有了宽容，则国与国之间会兵戎相见，人与人之间会拳脚相加，社会将因此变得黯然。

有些人在名誉、地位面前斤斤计较，狭隘自私；有些人对他人的行为习惯、见解不能容纳，这并不意味着维护真理，只能叫心胸狭窄；然而，每个人都应该重审自己，以宽容的心情把握生活，用

宽容的心情回报社会。

宽容，是一种豁达、也是一种理解、一种尊重、一种激励，更是大智慧的象征、强者显示自信的表现。宽容是高尚情操的表现。宽容之中蕴涵着一份做人的谦虚和真诚，蕴涵着一种对他人的容纳与尊重。宽容会给人带来一种良好的人生感觉，使人感到愉悦和温暖，生活中就会少些怨气和烦恼，就能感觉到生活中“快乐”的丰富。宽容，是一种高尚的美德。事实上，能做到这一美德的人并不多，即便如此，也不应放弃这种追求，因为忘记别人的过失，以宽容的心态对人、以宽阔的胸怀回报社会，是一种利人利已、有益社会的良性循环。当你宽容了别人，在自己有过失或错误的时候也往往能得到他人的宽容。

少记仇，多宽容，你做到了吗?

感悟心得：

第四章

幸福就是懂得爱

什么是幸福？有人说幸福就是懂得爱与被爱的能力！生命的意义就是知道爱与被爱。我认为很有道理。那么，爱是什么？每个人都在谈论爱，每一份杂志、报纸以及传教士都不停地谈着爱。我爱我的国家，我爱我的君主，我爱这些书，我爱那座山，我爱那种快感，我爱我的妻子，我爱上帝……我想说的是，不论哪一种爱都要我们用心去体会。只有我们懂得了爱，我们才拥有了幸福。

1.予人玫瑰，手有余香

记得有这样一句格言："予人玫瑰的手上，常有一缕芳香，就像香水倒在别人的身上，自己无法不沾染上一些。"助人是一种利己行为，在付出的同时，也收获着一份助人后的快乐。

助人是一缕春风，让枯秃的枝头绽放新绿；助人是一场春雨，让沉睡的大地恢复生机；助人是一泓清泉，让绝望的沙漠重放光彩……别人伤心，为之动容；别人苦难，心有不忍；别人不幸，为之动情。试着去关心周围的人，你也会收获许多！

海子在他的诗里说："从明天起，做一个幸福的人……陌生的朋友们，我也为你祝福，愿你有一个灿烂的前程，愿你有情人终成眷属，愿你在尘世获得幸福，我只愿面朝大海，春暖花开。"那么，我们也就从明天开始吧！听好风长吟，看落叶知秋，给路边的乞讨者一块面包，给迷途的异乡人指路，用会心的微笑祝贺朋友的成功，认真倾听一个失落的人细语诉说……这些看似不经意的举动，不仅仅是一种朴素的爱，还是用爱湿润后的灵魂折射出来的人格光芒，是经过爱的沐浴后而散发出来的平和心态。当我们赠送他人玫瑰的时候，我们的手上也一定还弥漫着爱的芳香；当我们在给他人点亮一盏灯的时候，其实也将自己照亮了。纵使我们的人生充满凄风苦雨，这份善良与关爱就像那穿透忧伤的阳光，温暖着你我的心房。

助人，也是个自助的过程。很多时候，我会不开心，或者遇到很多解决不了的事情。然后，很巧合的，会有一些郁闷的朋友、或者遇到棘手问题的人找我聊天、求解。本来只是帮对方分析下问题、想想对策。可是，绝大部分时候，会让自己豁然开朗、让问题迎刃而解。因为，当我帮助人的时候，我会变得更自信、更坚强，我会想，我都可以帮助别人了，那么也能把自己的问题解决好。原来大家都会遇到各种各样的问题，那么我这点问题算不了什么。甚至，朋友的问题，比我的更麻烦。而且，聊天、站在别人的角度上考虑问题，对自己来说，也是一个减压的过程。

助人能让我们掌握更多的技能，更好地适应社会。一个朋友想创业，于是选择什么行业、生意怎么起步、怎么扩展市场，一步一步，看着他、陪伴他走过来。经历忐忑不安、经历受挫、经历欣喜、经历苦思冥想。回过头来看，自己也收获了不少。下一次，如果我想创业的话，我会比很多生手熟练一些。有段时间，给朋友们翻译了一些文章，英译汉，偶尔汉译英。后来，一家翻译出版社，主动找我做兼职。有时候，帮长辈写写序，帮朋友写写演讲稿朗诵稿什么的，于是码字水平逐渐上升。

助人让我们认识更多可以交心的朋友。所谓朋友，不是成功时给你送上鲜花的人，而是失败时站在你旁边的人。在别人处于人生低谷的时候，你在身边，就会非常轻易地触到他们的内心深处，进行深层次的交流，你就会成为他们信任的人。事后，你收获的是经得起考验的友情。生命是一场奇遇，因为帮助和被帮助，会认识一些人，而有些却相见恨晚，最终能成为知己。

很多问题，越辩越清晰，也让自己更懂事。朋友迷茫的时候，跟朋友们聊天，聊愤青、聊社会弊端、聊传统文化、聊中西差距、聊文理不同、聊感情种种、聊为人处世、聊时尚装扮、聊电影八卦，还有很多很多，于是，很多一开始说不清楚、道不明白的问题，渐渐有了清晰的轮廓，有了自己的观点。思想碰撞出来的火花，其实是种双赢。

多一点充实，少一点空虚无聊。人一辈子，有很多空闲时间。于是，看肥皂剧、发呆、浏览无聊网页等等。如果这些时间分给了朋友，帮助一下别人，会有成就感，会让生活更充实。会有回报，当自己需要的时候，会有很多人愿意帮你。我不害怕困难，我只希望自己有重新站起来的勇气和资本。所谓顺利，其实是一种可以麻痹人的平庸。

我永远记得，在我处于低谷时，朋友说的话，“你听好了，天塌下来，还有我们。”我足够自信，因为会有人帮助我。我是一个知足的人，一点点好、一点点感动，我会记得。你们，给了我太多的爱。感谢，一直在心里。

赠人玫瑰，手有余香。这便是幸福的味道。

珍惜生活，磨砺人生。这便是生命的真谛。

亲爱的读者朋友们，你们是否从帮助别人那里体会到幸福了呢？

感悟心得：

2.幸福是温暖深切的亲情

也许在失去中我们最难忍受的就是亲人的别离，一朝夕，化作一缕轻烟，魂系归来，可终究看不到，只能在感悟的空间去想象那曾经的片刻温情，以及留下的只言片语……

亲情就如同飘散在空气中的朦胧而又柔和的雾气，在心灵的花园中氤氲开来，无声地滋润着我们那日渐荒芜的内心。岁月的痕迹遍布了我们整个心灵，唯有亲情笼罩着的那一角，才能让我们感受到那久违的温暖。

书中的这些哲理、智慧和感悟，恰如一个个音符，敲响你生命的乐章！拥有它们，会使你受益终生，就像一双羽翼丰满的翅膀，伴你翱翔在未来的天空！

有这样一个故事：

一个普普通通的三口之家，孩子他爸下岗后开了一家小书店，儿子上高中后要手表、要自行车只管向爸妈伸手，仿佛爸妈是取之不竭的“银行”，要钱仿佛都是理所当然，问心无愧。一次，为了跟同学攀比穿名牌衣服，竟开口要1000元，被他爸训斥了几句后，就赌气几周不同家人说话。

一天儿子在写作文，他冥思苦想良久，忽然回头问道：“妈，你说我今天最感激谁？”妈妈让他认真想想。他没好气地说：“我坐在自己家里，一没接受谁的施舍，二没要别人帮助，凭什么要我去感激他人？”儿子认为这个作文题出得毫无道理。

儿子的冷漠，让家长忧虑。孩子应该知道，每个人打从娘胎来到人世，就无时无刻不在接受世界赐予的恩惠，譬如你今天坐在室内不受日晒雨淋之苦，就该感谢攀援在脚手架上的建筑工人；你打开空调享受清凉不受酷热的折磨，就该感谢冒着高温检修线路的电力工人；甚至连一杯解渴的白开水、一块擦汗的手绢都凝聚着他人对你的关爱。

儿子不以为然：“这不都是花钱买来的吗？”他认为自己不欠谁，不求谁，过的是“银货两讫”的日子，用不着向谁感恩。可是，儿子，你可曾想过这钱是从哪里得来的？是大水冲来的吗？是天上掉下来的吗？妈妈告诉儿子：上初一的时候，你从学校二楼平台摔下来，右腿骨折，花掉5000多元的住院费。那时候，你的爸爸刚下岗，为了你不致残废，他挺着瘦弱的身子去码头上扛水泥，每天扛200多包，累得气喘如牛，几次险些栽进江里。200多包水泥就是2万多斤呀，一天的苦力只够交你半天的医药费，那一张张沾满血汗的钞票，都是用命拼来的。孩子，你康复出院的时候，何曾向爸爸说过一声感谢？

儿子脸红了，低声说，“连爸爸也要感谢吗？”妈妈说，“连爸爸都不感谢的人怎么会感谢别人？”古人说，“每天清晨一炷香，谢天谢地谢三光”，连天、地、日、月、星辰都应该感谢，何况人呢？儿子

沉默了，陷入了深深的思考。傍晚时分，儿子的作文写出来了。最后一段，儿子写道："感恩是积极向上的思考和谦卑态度。当一个人懂得感恩时，便会将它化为行动，并因感恩而感到快乐。一颗感恩的心，就是一个和平的种子，感恩是与人之间的和谐因子。"不管儿子对自己笔下的话语懂得多少，看过之后，妈妈还是舒心地笑了。

亲情是人们温暖、力量、信心与安全感的来源。我们无需像父亲一样有力的大手，就能感受到他在为你撑腰。甚至无需想起父母，只要他们健在，就能如千手观音一样，在任何你跌了跤的地方扶你起来。亲情给人的关爱真可谓是翻山越水，飞檐走壁，如影随形，无处不在。我们可以想象一下，父母在，与父母不在，那种感觉是完全不一样的。

亲情是冬日里捧在手心的那杯热茶，暖暖的，直达心胸；

亲情是寒冬里那红红火火的火炉，静静地燃着火焰、散发着热量，驱走一身的寒气；

亲情是世界上那块最可口香甜的蛋糕，轻轻咬一口含在嘴里，软软的，香香的，顺势咽下，那种幸福的滋味更是不言而喻；

亲情是雪山上那朵最美的雪莲，静静绽放，纯洁无瑕；

亲情是伊人唇角那丝浅浅的微笑，生动迷人，摄人心魄……

亲情是荒寂沙漠中的绿洲，当你落寞惆怅软弱无力干渴病痛时，看一眼已是满目生辉，心灵得到慰藉，于是不会孤独；

亲情是黑夜中的北极星，曾经我们向目标追逐而忽视它的存在，直至有一天我们不辨方向，微微抬头，一束柔光指引我们迈出坚定的脚步；

亲情是航行中的一道港湾，当我们一次次触礁时，缓缓驶入，这里没有狂风大浪，我们可以在此稍作停留，修补创伤，准备供给，再次高高扬帆；

亲情是母亲那一声声的叮咛，是母亲自己舍不得吃而夹给女儿的那一块块瘦肉；

亲情是父亲那一个个关心的电话，是父亲阅尽报纸杂志为女儿寻找的民间偏方；

亲情是年迈带病的婆婆在雪花飞舞的日子里为儿媳、孙子赶制的棉衣棉裤，是婆婆在冰冷的屋子里为儿子一家包的香喷喷的饺子；亲情是公公那一串串善意的唠叨，是公公为我们时刻备好的米面青菜；

亲情是小妹在百忙之中去医院对姐姐的精心陪护，是小妹夜晚在灯光下为姐姐仔细用报纸包好的那一篮子鸡蛋；

亲情是丈夫那不离不弃的爱恋；

亲情是儿子献给妈妈那奶声奶气、天真无邪的歌声……

当你在厌烦了爸妈的唠叨时，你是否想过这是他们深爱于你的表现。在你眼中，爸妈或许太唠叨，但唠叨的背后究竟是什么呢？浓浓的亲情罢了。

亲情是什么？亲情是一本字典，在它里面，你能找到“欢乐”和“温暖”；亲情是什么？亲情是一颗明星，在漆黑的夜里，它能给迷途的心指引方向；亲情是什么？亲情是一根绳子，用它的身躯，把心与心紧紧地连了起来；亲情是什么？亲情是一罐蜂蜜，蕴涵着浓浓的香味儿，使人们的心儿如痴如醉。

亲情是伟大的，拥有亲情是幸福的，因此我们感恩亲情!朋友，你做到了吗？

感悟心得：

3.幸福是有爱情的婚姻

无论何时何地，婚姻都是需要爱情的。爱情使婚姻体系得以健康地延续，使社会道德在有序中发展，总而言之，有爱情的婚姻才最幸福。

和往常一样，中午午餐，叶络又去了那家小吃店，要了一碗面条。刚吃了几口，这时进来一对中年夫妇，男的有一只眼睛看不见了，身后背着一把二胡；女的却是个全盲，在男的搀扶下，摸索着坐到叶络对面的椅子上。

大概是个卖艺的吧，叶络想。

“大碗豆花米粉，两份。”男的将二胡靠在墙角。刚坐下来，男的又起身去拿筷子，顺便付了钱，又向店员说了几句什么。

一会儿，米粉上来了，却是一大一小两碗。男的仔细地将豆花米粉弄碎、拌匀，然后将大碗递给女的。女的吃了两口问：“你呢？”

“我的也是豆花米粉，大碗的，足够了。”

叶络有些吃惊……

“这种不是大碗的。”坐在叶络旁边的一个小孩忽然说。他一定以为，这个叔叔弄错了，却付了大碗

的钱。

中年男子并没有抬头，继续低头吃着。

“叔叔，你吃的这种不是大碗的。”小孩以为他没听见，重复道。

中年男子慌忙抬头，冲男孩摆摆手。

“多嘴!”小男孩的母亲厉声呵斥。

“本来就是嘛。”男孩一脸委屈。

正吃米粉的女人停了下来，侧着头仔细辨别声音的方向，她的脸轻轻地抽搐了一下。

吃完米粉，他们搀扶着走出了小吃店。

叶络被这一对盲人夫妇感动了，默默地走在他们后面。

“今天吃得真饱。”男的说。

女的沉默了一会儿……

“你不要骗我了，你吃的是小碗，你一直瞒着我。”女的失声哭了起来。

“我不饿，真的不饿，你……你别这样，路人看了多不好……”男的有些手足无措，扯起衣袖为妻子擦泪。

叶络看着他们，泪水溢满了眼睛。

这对盲人并没有足够的物质保障，但两人却相敬如宾，彼此深爱着对方，原因很简单，是爱在小心经营着这份看似贫苦的婚姻。

再看下面这个故事：

男人是个哑巴，虽然能听懂别人的话，却说不出自己的感受。她是他的邻居，一个和外婆相依为命的女孩，她一直喊他哥哥。

他真像个哥哥，带她上学，伴她玩耍，含笑听她叽叽喳喳讲话。他只能用手势和她交谈，可她能读懂他的每一个眼神。从哥哥注视她的目光里，她知道他有多么喜欢自己。

后来，她考上了大学，他便开始拼命地挣钱，然后源源不断地寄给她。她从没拒绝。终于，她毕业了，参加了工作。然后，她坚定地对他说：“哥哥，我要嫁给你!”

他像只受惊的兔子逃掉了，再也不肯见她，无论她怎样哀求。她这样说：“你以为我同情你吗？想报答你吗？不是，从12岁我就爱上你了。”可是，她还

得不到他的回答。

有一天，她突然住进了医院。他吓坏了，跑去看她。医生说，她喉咙里长了一个瘤，虽然切除了，却破坏了声带，可能再也讲不了话了。病床上，她泪眼婆娑地注视着他。

于是，他们结婚了。很多年以后，没有人听他们讲过一句话。他们用手、用笔、用眼神交谈，分享喜悦和悲伤。他们成了相恋男女羡慕的对象。人们说，那是一对多么幸福的哑夫妻啊!

爱情阻挡不了死神的降临，他撇下她一个人先走了。人们怕她经受不住失去爱侣的打击来安慰她。这时，她收回注视他遗像的呆痴目光，突然开口讲话：“爱人已去，谎言也该揭穿了。”

人们惊讶之余，都感叹不止，这是一份多么执著的、深厚的、像童话一样的爱呀!从此，她不再讲话，不久也离开了人世。恋爱中的男女仍会拿他们当做谈论的话题，他们常说，你听过那对哑夫妻的故事吗?

生活中，很多男女结婚以后，没有了婚前的激情，不再有所谓的爱情。其实，婚后俩人牵手走过风，走过雨，这本身不仅是一种神圣的责任，而且也是一种伟大的爱。

爱不仅是维系婚姻的纽带，更是通往幸福之路的桥梁。你或许没有名车豪宅，但只要心中有爱，两人的感情世界便会笼罩在幸福的氛围中，相信这一点，有爱的婚姻最幸福!

生活中，有很多夫妻在为一些琐事吵得不可开交，甚至于拳脚相加，原因何在呢?只是缺少爱，婚姻才变得缺失。幸福的婚姻，一定是有着深刻爱情的婚姻。

感悟心得：

4.幸福是拥有真诚的友谊

财富不是一生的朋友，朋友却是一生的财富。拥有真诚的友谊是生活中最幸福最快乐的事情。有了朋友，可以与你一起分享彼此的快乐，分担彼此的忧愁，同甘苦共患难，但是并非所有的朋友都是可交的，这是因为并非所有的友谊都是真诚的。

从前，有一个富商叫范咏。他为人宽厚仁爱，仗义疏财，可偏偏这么个好人，命里却摊上了一个让他伤透脑筋的儿子。儿子名叫范学好，本来范咏是想叫他走正道，可儿子偏不学好，平时结交了一批狐朋狗友，整天吃喝玩乐，不务正业。

为此，范咏很生气，就告诫儿子："为人处世，如果想交朋友，也要交一些可交的人。你看你的朋友都是些酒肉朋友，我劝你还是不要跟他们混在一起。"儿子听了，把脖子一扭，说："我的朋友都是生死之交，绝不是你所说的酒肉朋友。"

范咏见说服不了儿子，苦思冥想，想出了一个好办法。

这天，儿子范学好捎信叫自己要好的朋友来家喝酒。时间一到，大家陆陆续续到堂屋就座，可大家左等右等，范学好却迟迟未露面。大家正等得心焦，就在这时，只见一个浑身是血的人匆匆从堂屋门前跑过，大家吃了一惊：刚才跑过去的不是范学好吗？这是怎么回事？不一会儿，范咏慌慌张张走了进来，说：对不起大家了，犬子刚杀了人，逃了回来，看来我们范家要家破人亡了。你们都是我儿子的好朋友，你们给想个办法吧。”

大家一听，一个个傻了眼。有的推说家里有急事，有的说自己肚子疼，转眼间就跑得一个人也不剩。这时，范学好正躲在隔壁，听着消息呢。昨天，父亲跟他说了假扮杀人一事，自己只觉得好玩，就应承了下来，没想到却被老父亲一一说中，现在他一句话也不说了。父亲走了过来，语重心长地对他说：“你看看，这就是些你平日所结交的朋友。关键时刻，谁过来帮你的忙？”说到此，他换了口吻，对儿子说：“孩子，出来吧。待会儿我领你去见见我交的朋友。我交的朋友不多，只一个半而已。

于是，范咏领着儿子来到一个大户人家，叩开门，里面的家人便给主人通报。一会儿，就见宅门大开，主人率妻子儿女满面春风地出门迎接。

范咏也没客气，带着儿子进屋落座后，便对朋友说：“不必客套，我今天来府是有一事相求的。”朋友淡然一笑说：“不论何等事，全包在小弟身上，酒饭之说。”

范咏一脸愁容，说：“家里出了大祸，小儿不慎杀了人，命已不保，早已无心饮酒。”朋友一听不以为然地说：“范兄不必忧虑，此事只须用些银两，买

通就行了。小弟家资虽不实，但现在就是倾家荡产，也要救侄儿一命。”

范咏摇摇头说：“此法我已用过，怎奈审理此案的是一位清官，行不通。不知小弟还有没有其他办法？”朋友面露难色，低头不语，范咏看了一眼儿子，起身便告辞了。朋友一见马上让家人取来500两银子，说：“小弟无能，帮不上大忙，眼下正是用钱之际，这些银子，还请范兄收下。”范咏接过银子，放在桌上说：“多谢贤弟，银子先放下吧。只待用时我再来拿取。先告辞了。”

走出朋友家，范学好说：“父亲，我明白了什么才是朋友。”范咏说：“孩子，这只是我的半个朋友，咱们现在再去那个朋友家里。”

范学好跟父亲又来到一户人家，一进屋，范咏的朋友就问：“兄弟，有事吗？”范咏就把编好的故事说了一通，朋友沉吟半晌，说：“你们回去吧，没事

了。”范咏说：“你有什么办法，说来听听。”

朋友脸色一沉，说：“不要问，领侄子回去吧，我自有办法。”

范咏说：“你今天不说，我就不走。”

朋友没办法，就朝里屋喊了两声，“咚咚咚”跑出来两个年轻人。朋友对他俩说：“我的一个好兄弟的儿子杀了人，他只有这一个儿子，我必须帮他。我想让你们其中的一个去顶罪，你们谁去?”

老大说：“父亲，弟弟小，我去!”

老二抢着说：“父亲，还是让我去吧，嫂子快生了。”这时，范学好再也忍不住了，“扑通”一声跪倒在地，泪流满面地说：“父亲，我错了，我知道今后该交什么样的朋友了。”

谁是你的朋友呢?你或许能够在短短的一分钟内说出一大串名字。但究竟谁是你真正的朋友?你可能说出几个，也可能一个也说

不出。人，不一定交太多的朋友，有几个生死之交的真诚朋友就够了。总而言之，友谊贵在真诚，友谊只有在带着真诚的意味时才是最幸福的。人生真正的幸福，在于有那么几个真诚的朋友。

人人皆有朋友，但你的朋友是酒肉朋友还是患难之交呢？真诚的朋友不见得是形影不离，电话一天不断，有事没事喝几杯，而是在你最需要的时候第一个挺身而出的人。

传说中有两个朋友在沙漠中旅行，在旅途中的某点他们吵架了，一个还给了另外一个一记耳光。被打的觉得受辱，一言不语，在沙子上写下："今天我的好朋友打了我一巴掌。"他们继续往前走。直到到了沃野，他们就决定停下。被打巴掌的那位差点淹死，幸好被朋友救起来了。被救起后，他拿了一把小剑在石头上刻了："今天我的好朋友救了我一命。"

一旁好奇的朋友问说：为什么我打了你以后你要写在沙子上，而现在要刻在石头上呢？

另一个笑着回答说：当被一个朋友伤害时要写在易忘的地方，风会负责抹去它；相反的，如果被帮助，我们要把它刻在心里的深

处，那里任何风都不能抹灭它。

朋友的相处，伤害往往是无心的，帮助却是真心的，忘记那些无心的伤害；铭记那些对你真心的帮助，你会发现在这世上你有很多真心的朋友……

你只需要花一分钟注意到一个人；一小时内变成朋友；一天让你爱上他；一旦真心爱上 ……你却需要花上一生的时间将他遗忘，直至喝下那孟婆汤……

朋友呀！当你看到这里，你感受到什么？在日常生活中，就算最要好的朋友也会有摩擦，我们也许会因这些摩擦而分开。但每当夜阑人静时，我们望向星空，总会看到过去的美好回忆。不知为何，一些锁碎的回忆，却为我寂寞的心灵带来无限的震撼！就是这感觉，令我更明白你对我的重要！在此，我希望你能更珍惜你的朋友。

感悟心得：

第五章

幸福就是心中有梦想和希望

梦想，如火焰，在无边的黑暗里阐述着生命的价值；梦想似流星，划过我们生命大道时，有着瞬间的美丽，留给我们无限的回忆。我们总是试图抓住这美丽的尾巴，梦想着和她在一起，一生一世。不管多么艰难，我都在努力，我正在努力，我将会成功。

希望是引导人成功的信仰，是人生奋斗的目标，是实现理想的翅膀，是平凡生活的小小期待，是攀登者的拐杖，是生命之舟的原动力，是补充能源的加油站。我们因希望而生活，世界因希望而多彩。希望可以将人引入辉煌幸福。

人活着不能没有梦想，不能没有希望。有了梦想和希望，才能获得幸福的眷顾，才能拥有真正的幸福。

1.有梦想的人最幸福

有这样一个故事：

一位爷爷身患绝症的时候，被医生确定了死亡的期限：6个月。在这6个月的最后时光里，这位爷爷依然怀揣着一个梦想：他要写一本关于他和奶奶的书！他要给奔跑的生命作一个诗意的总结。爷爷拼命地写，不顾医生的劝阻，他要和死神争夺时间。其实爷爷写的书根本没有什么文采，不过是他和老伴磕磕绊绊的一生中的细枝末节，那一个个温情的瞬间，一片片感动的碎屑，充盈在他的字里行间，使他的精神始终处于饱满的状态，丝毫不像一个大限将至的人。他走进他的记忆，重新漫步在那些恋爱的季节里。他在扉页上写着：献给我最爱的人。

他说一生有过无数的梦想，有的已经变成现实，有的永远无法实现，现在，他在书的最后一页写下了他的最后一个梦想：握着爱人的手离去，在天堂的花园里约会。爷爷每天顽强地挺直身子，趴在桌子上艰难地写作，奶奶每天走动在他的视线里，一会儿给他捶背，一会儿给他喂药，灿烂着他摇摇晃晃的风烛残年。爷爷在走之前的那个晚上，终于写完了他的书。

他嘱托我们一定要找一家印刷厂将他的书规规矩矩地印出来，然后在他的墓前放一本。那天，爷爷咯了好多好多的血，医生说那是劳累的结果。可是爷爷走的时候，脸上一点痛苦的表情都没有，安详而幸福。爷爷是带着梦想走的，他握着奶奶的手，梦想着和自己的爱人在天堂约会。

不管你的梦想是大是小，是俗是雅，只要它不是邪恶的，那么，怀揣美好梦想的人就是幸福的，而没有梦想的人是可怜的。一个身患绝症的老人尚且为自己的梦想而努力着，作为有无数美好明天的青少年你更要怀揣梦想，做一个有梦想的幸福之人。

一个人因为有了梦想而去奋斗，固然是美丽的；然而一些没有梦想的人，整天碌碌无为，毫无疑问这种人是可悲的。正如张闻天所说的：生活的理想，就是为了理想的生活。

人活在这个世界上，上苍赋予每个人最公平的东西就是梦想了。梦想无贵贱、大小之分，从它萌芽的那天起就可以随意地滋长，不承受压力，不担当责任，于是梦想也就永生不灭了。用隐形的翅膀来形容超然的梦想再恰当不过，这双翼承载了快乐的源泉，陪伴我们一生一世。

人们常说，有梦想是幸福的，哪怕这梦想如扑火的飞蛾只闪亮了一瞬间的辉煌，但在追逐的路途上尽情吮吸且行且积淀的人生的琼浆，还不会让我们充满盈盈的感激吗？梦想是最安逸的处所，当我们囿于是非曲直、矛盾困惑、感情危机、分分合合的困惑无法解脱的时候，那就尽情舞动隐形的翅膀吧，在天际翱翔，满目草木芳菲的盎然、鸟语花香的闲适、霡霂细扬的写意，那些自寻的烦恼也就变成了生活之河风过时的微波细浪，短暂而必然要回复平静。梦想是生活的润饰，少了这对翩飞的翅膀，多彩的生活会少了灵动多了滞重。

人类因有梦想而存在，因实现梦想而伟大。也许梦想人人都有，大的、小的、能实现的、不易实现的……有梦想的人是幸福的，幸福就藏在追寻的过程中。很多事情，是不能等最合适的机会的，没有人总能断定什么时候是最好的机会，而机会总是在等待和观望中和我们擦肩而过。有些要做的事情，可以圆的梦在力所能及的时候不妨先实现了。人生无常，不要等把握不了的时候后悔遗憾。有了梦想就去圆，梦想成真的快乐其实是触手可及的。

从前有一个穷孩子，父亲是鞋匠。父亲去世之后，母亲为了生活不得不带着他另嫁。有

一天，他有机会去晋见王子，他满怀希望，在王子面前唱诗歌。朗诵剧本。表演完毕后，王子问他想要求什么赏赐？这个穷孩子大胆地提出要求：“我想写诗剧，而且在皇家剧院演戏。”王子把这个长着小丑般大鼻子的笨拙男孩从头到脚看了一遍，然后对他说：“能够背诵剧本，并不表示能够写剧本，那是两码事，我劝你还是去学一门有用的手艺吧。”但是，他回家以后，打破了自己的储钱罐，向母亲和从不关心自己的继父道别，离家去追寻自己的理想。这时候，他才14岁，但他相信，只要自己愿意努力，安徒生这个名字一定会流传千古。他到了哥本哈根，挨家挨户地按门铃，几乎按遍了所有达官贵人家的门铃，却没有人赏识他，他衣衫褴褛地流落街头，却仍不减他心中的热情。

终于在1835年，他发表的童话故事吸引了儿童的目光，开启了属于安徒生的新页，他的童话故事被译成多种文字，除了《圣经》之外，没有任何一本书比得上。这时，距离他离开家已经16年了。——这就是追逐梦想的安徒生的故事。

你有理想吗？你想怎样让梦想成真？坚持努力的过程，或许会是艰辛与充满苦痛的，但只要不放弃希望，终能获得甜美的果实。安徒生说：“只要你是天鹅蛋，那么即使你是在鸭栏里孵出来的也没有关系。”

感悟心得：

2.梦想照亮前路

漫漫修远的人生之路，需要梦想这一动力，生命之舟需要梦想这一指南针。因为梦想，我们有了更多的渴望；因为追求梦想，我们更坚强、执著；因为有梦可追，我们的人生更充实、完美。

梦想能励志，能感奋，能激撞，能迸发。前方的目标即便再遥远，再艰险，但因为幼稚梦想的恒久驱动，我们都必将成功。我们向往人生的成功，我们更追求生命的意义，指引生命因梦想而越发的灿烂夺目。

倘若没有梦想，我们的生活将只剩下衣食住行。金融危机、经济萧条、就业困难，在梦想的力量下，这些障碍算得了什么，因为我们的梦想是永恒的，而这些困难却是短暂的。为了不让梦想的生活留下遗憾和后悔，我们应该尽可能地抓住一切改变生活的机会，哪怕是最没有希望的事情，只要有一个勇敢者去坚持做，到最后，就会有黎明。

上帝创造人类的时候就把我们创造成不完美的个体，我们一辈子努力的过程，我们的一切美德都来自于克服自身缺点的奋斗。所有的人都是凡人，但所有的人都不甘于平庸。听说很多人是在绝望中也能寻找到希望，平凡的人生终将发出耀眼的光芒。

但仅仅具有奋斗精神是不够的，还需要脚踏实地一步一步地去做。要先分析自己的现状，分析自己处于什么位置，到底具备什么样的能力，这也是一种科学精神。给自己定了目标，你还要知道怎样去一步一步地实现这个目标。从某种意义上说，树立具体目标和脚踏实地地去做同等重要。

每条河流都有一个梦想，奔向大海。长江，黄河都奔向了大海，道路却不一样：长江劈山开路；黄河迂回曲折。轨迹虽不同，但都有一种水的精神。让我们鼓起勇气，运用智慧，把握我们生命的每一分钟，创造出一个更加精彩的人生！

记得看过一部印象深刻的动画片《飞屋环行记》——它告诉我们即使曾经跌倒，曾经失落，但是从未停止追逐梦想的脚步。故事讲述了一位善良的老爷爷守住自己一生生活的老房子，并且如愿安静地度过自己的晚年生活。这算是理想还是梦想呢?

动画片会把很多简单的道理更清楚直白地表达出来。就像《飞屋环行记》中，很多令人感动之处，比如真挚的友谊，团结的力量，还有他们对梦想从未放弃，并且不断努力的勇气和执著。几个主人公的形象都很可爱，慈祥的有着不平凡梦想的老人、胖嘟嘟的善良小孩子、活泼机灵的狗狗、还有高大高贵的鹬。鹬和小孩子纯真的友情令人感动，小孩子勇敢的精神让人折服，狗狗的机灵聪敏让人捧腹大笑，鹌的天真活泼让观众绷紧的心弦暂时放松。

其实，很多影视作品真正吸引人的地方就是它和生活息息相关，源自生活，又高于生活。这里的高于，指的是难免有一些添油加醋的成分在里面，不过影片表达的道理和带给观众心灵上的震撼与领悟是无法低估的。每个不轻易向平凡生活妥协的人，都要为自己的理想付出不懈努力。生活中的很多目标或是梦想，即使最后没有得到真正想要的结局，其实在为梦想努力的过程中，我们已经得到了最好的答案。

为人类光明的梦想，爱迪生发明我们今天认为一个再也普通不过的灯泡，将1600多种耐热发光材料逐一地试验下来，最后在1879年除夕，爱迪生电灯公司所在地洛帕克街灯火通明；为富国强兵爆破第一颗原子弹，跻身于世界优秀民族之林的梦想，邓稼和战友们仅凭两架手摇计算机和古老的算盘进行浩繁的理论运算，最终解决了原子弹结构和轰爆物理方面的全部理论计算，仅关键数据演算的稿纸就装了几十麻袋，堆满了一间仓库；为了缪斯女神和阿波罗登月的梦想，美国登月计划耗资近300亿美元，参加工程的有上百个科研机构，2万多家企业，历时10年。就某种意义而言，与其说今天我们是为了开拓梦想，还不如说是寻求行动，实实在在的行动。

但是对于等候在成功之门口心急如焚的人来说，怀抱梦想是没有错的，但有些话我是必须说的。光有梦想而没有行动是不够的。光有行动，而没有科学前提的行动，亦无法实现梦想。中国古代逐日而被烤干致死的夸父，明朝想飞天而摔得粉身碎骨的万户都是典型的例子。

人类的梦想犹如灯塔的光芒，给千百万生命带来了希望。人类对科学技术，对社会民主，对和平自由的梦想，结束了漫漫长夜，使人类从野蛮而向文明，由痛苦而得幸福。

但是，我们千万个梦想，只是为人类打开了一扇又一扇的门，开了一座又一座的荒。至于进门后的清理，开荒后的耕种还得靠一步一个脚印地做，你说对吗?

感悟心得：

3.梦想不等同于幻想

有人这样谈起过梦想："我相信，只要付出了努力，将来即便它只是眼眶里快要落下的泪水，但它们足可以让我们的心灵得到最美的净化和被感动；即便它只是那大自然里的一丝清风，也会让炎热中的人们感到阵阵凉意；即便它只是那碧波上不起眼的一丝涟漪，它也会让人感到心旷神怡；我不遗憾，因为成功大厦的基石，就是那平凡的点点滴滴。"

我想，这些话虽然不无道理，但肯定是哪位有思想而又没有上进心的哲人说的，也许这位哲人在梦想的推动之下，在决心的催使之下，他付出了许多努力，把朝阳走成了夕日，把黑夜走得光明灿烂，也算是熬出了头，可他还甘心于做一个没有回报的浪漫者，也许他可以把很多事情都看得开，但是不该的是他把努力的结果给拖进了"黑名单"，那就大大不妙了。说他没有上进心呢，这也是不无道理的，他怎么可以忍受为梦想努力而带来的心甘，大概心不死，也活不长了吧！在我的眼中，梦想并非虚幻，只有用自己坚强的意志打造出一支永不折断的长篙，用自己辛勤的汗水夯筑一条坚实的通往梦想的大道，那胜利就摆在眼前，那是应当得到的。所以，梦想是黎明中的灯塔，指引我们在前进的人生大道上不迷失方向。有梦想的人总是美丽的！

幻想是纯粹的单纯与可爱，也是心灵疲倦的最佳栖息地，幻想对于在逃避中失去自我，对现实过程不大清楚的人而言，才是最适合的。在每一次对烦恼的事情考虑的情况下，展开幻想的翅膀，想象自己在青青河边草上躺着睡觉，悠悠飘忽的蒲公英将我们纯净美

好的心带着一起飞翔，静静地看白云浮过眼前，看时光的脚印在我们的身边留下深深的不能重新来过的足迹，看自己的心灵如溪水一般透澈。不一样的思想，有着不一样的快乐，如果说幻想是成长的开始，那么每一个人都不曾离开过幻想。假使没有了幻想，就没有了对未来展望的信心，也就不会存在对事实憧憬的勇气，那世界上很多事情都将是很沮丧的，我喜欢幻想，用它适当地去掩盖一些悲伤，想象一切的不快都将变成美好的事物，心就不会那样难受了。幻想，是我生活的过路站，给我打气，给我信心，给我飞翔的翅膀！

梦想与幻想，本质上有区别，这是最基本的。

小时候，老师都会问我们长大了想做什么，其实就是所谓的梦想。也可能那时还小，所以就在大脑里有很多的想法，那就是幻想。一个人，不管给自己定多大的目标，有时要依照自己的情况和能力去奋斗，人有点梦想不坏，这样可以督促你迈向更高的台阶。我们的思想是一天一天在成长的，所以想的很多都要因环境和实际情况来决定。

梦想是很艰苦的，它需要你付出得比以前更多，每前进一小步，可能都会让我们产生很大的压力。这时就要靠自己的毅力来作动力。但是幻想就是很快乐的，每当我们晚上躺在床上的时候就会在脑海里出现一点美好的画面，总是希望自己想到的明天就出现。愿望又比幻想来得好点，可能一个是褒义词一个是中性词吧。人活在现实的社会里，就不可以带一点点的幻想，天上是不会掉馅饼的。在和你的梦想还有一段距离时，你最多就是许个愿，这只是给你精神上的一点满足和支持。梦想和幻想之间就差一字，如果我努力过就是不成功，最起码也接近我的梦想，但是如果是幻想的就不同，很可能会引导你走上不正的道路。踏实做人是根本的，不要有那么的怨言，这样人才会轻松自在。

在生活中至少存在两种类型的人：一是天天沉浸在幻想中，看不到一点行动的痕迹；二是把想法落实到计划中，成为一个敢于行动的人。你是哪一类人？凭你自己的经历，你已经找到了答案。

有人说，心想事成。这句话本身没有错，但是很多人只把想法

停留在空想的世界中，而不落实到具体的行动中，因此常常竹篮打水一场空。当然，也有一些人是想得多干得少，这种人只比那些纯粹的“心动专家”要强一些，要好一些，但他们通常很难取得成功。有句话说得好：“100次心动不如一次行动！”因为行动是一个人敢于改变自我，拯救自我的标志，是一个人能力有多大的证明。

立刻行动起来，不要有任何的耽搁。要知道世界上所有的计划都不能帮助你成功，要想实现理想，就得赶快行动起来。成功的道路有千条万条，但是行动却是每一个成功者必须付出的，行动也是通向成功的捷径。

梦想即是人们在梦里大胆的想象，不一定会实现，但只是一个美好的期望。有梦想的生活才是真正意义上的生活，它便是人生活的动力！梦都是美的，所以美梦成真也成了我们长久以来的信仰。

梦想可以通过一定的方式和途径，通过自己的努力和拼搏成为现实。梦想最大的意义是给予人们一个方向，一个目标。如果只把梦想当做梦，那么这样的人生可以说没有什么亮点。梦想使人伟

大，人的伟大就是把梦想作为目标来执著地追求！

幻想是一个人所希望的未来事物的想象过程。幻想，本是人内心的不合实际的想法；个体遇到挫折或难以解决的问题时，便脱离实际，想入非非，把自己放到想象的世界中，企图以虚构的方式应付挫折，获得满足。白日梦便是一种幻想，白日梦者往往超越现实，打破时间空间的界限，满足某些需要，伴有一定的欣快感。有时，白日梦可以推动人们追求某种目标。若是白日梦代替了有意义的行动，就会成为逃避现实的手段，可能成为心理变态的征兆。

幻想是创造想象的一种特殊形式。由个人愿望或社会需要而引起，是一种指向未来的想象。

因此，如果你现在还在幻想，做着不切实际的梦，那么赶快醒来吧，寻找真正的理想去吧。亲爱的朋友，你醒了吗？

感悟心得：

4.将梦想付诸行动

实践是需要动力的，梦想正是这源源不断的动力。每个人都应该有梦想，有人说梦想是一种信仰，有人说梦想是一种寄托，还有人说梦想是介于信仰和寄托之间的。“信仰是目标，寄托是需要。信仰，是我们服务于它；寄托，是它服务于我们”。而梦想好像同时具备了这两种功能。它既是我们奋斗的目标，又是我们坚持的理由。一个人有了梦想，精神就有了依托。人生的旅程就会像奔涌的河水，虽百转千回，仍向着大海的方向。大海让河水有了流淌的快乐，梦想让人有了奋斗的激情。有梦想的人是幸福的，因为，前进都不需要什么理由。悲观的人会说，坚持梦想，这就是痛苦和快乐的源头。但是他们哪里知道，痛苦意味着你经历过了一份别人无法体验的奋斗，唯有它才能使你在以后的日子里越战越勇。这何尝不是一种幸福?

如果你有梦想就必须去坚持。只有华丽的梦想，毫无价值；只有宏伟的计划，没有意义；只有远大的目标，天方夜谭，一切的一切都毫无意义，除非付诸行动。

再详细的地图也不能带动主人行走半步；再公正的法律也不能阻止任何犯罪的发生；再珍贵的宝典，即使是我手中的羊皮卷，也不能换来财富或欢呼。唯有行动，才能让这张地图、这卷宝典发挥作用；唯有行动，才能让我的梦想、我的计划焕发出勃勃生机；唯有行动，才是我走向成功的食粮。我们要明白，只有行动，才能让狮虎般强大的恐惧转化为心灵的安宁。

行动是撬动梦想的杠杆。

有一个还很年轻的人，每天都想着怎样一举成名，从来没有认真做过一件事。在一天散步的时候，他遇到了大发明家爱迪生，急忙高兴地走上前，请教他名扬天下的方法。

爱迪生首先和他聊了几句，然后了解了年轻人的心理。之后问他："你是不是非常想出名？""我连做梦都在想，我什么时候才能像您一样出名呢？"年轻人忙不迭地回答。"等你死后，你很快就会出名了。"爱迪生不慌不忙地说。"为什么我要等到死了以后才会出名呢？"年轻人吃惊地问道。

爱迪生以诚恳的态度告诉他："因为你一直想拥有一座高楼，可是从没有动手去建造这座高楼。所以，只靠想象，高楼绝对不会无缘无故地出现在你面前的。而如果你一辈子都生活在空想之中，等你死后，人们就会经常提起你，以告诫那些只会做白日梦、不肯动手去做事的人，如此一来，你名扬天下的心愿不就达到了吗？"

这个故事让我们懂得了三个道理：（1）躺着思想，不如站起来行动！（2）无论你走了多久，走得多累，也千万不能躺在"成功"的家门口休息；（3）梦想与幻想是绝对不同的。

海格尔斯顿说过这样一句话："努力不懈的人，会在别人失败的地方获得成功。"聪明的你有梦想吗？你想成功吗？只想是没有用的，你必须为自己的梦想付出行动，否则，美梦永远只能存在于黑暗的夜里。一旦被阳光照耀，它马上就会消失得无影无踪。

有句话说得很好：“纸上得来终觉浅，觉知此事要躬行。”确实是这样，人生的路只有躬行，才知其中的酸甜苦辣，畏惧困难，连那些走弯路的人都比那些不敢前行的人好得多。如果一个人目标明确、充满自信，那么，这个人绝对不会把时间浪费在徘徊观望中，也不会在挫折面前气馁。只要作出了行动的决定，就要立刻勇往直前地走下去。造船厂有一种力量强大的机器，能够把一些破烂的钢铁毫不费力地压成坚固的钢板。善于行动的人就像这种机器一样，异常坚定，只要决心去做，即使再复杂的问题也不可能阻止他们前进的脚步。

想要使自己的人格得到提升，实现心中的梦想，立即采取行动是最重要的，去做你想做的事情。如果你缺乏勇气、忍耐力、魄力、决断力，那就在磨炼中使自己的这种能力得以提升吧！应该深信，只要你肯付出积极的行动，梦想就一定会实现。

无论你的梦想是多么的强烈，目标是多么的明确，计划是多么的周密，如果不付诸行动，最终都会像蒸汽一样消失得无影无踪。成功系统的方法已摆在了你面前，现在就需要你作一些决定：你是真的打算将梦想付诸行动？千万不要让别人把你的梦想偷走了。

人不仅仅是单纯地为活着而活，更是为了梦想而活着，让人生充满了意义。记得一篇文章讲的是人生智慧博弈的比方：一只漂亮的杯子放在展示架上供人观赏，确实给人带来美的乐趣，但盛满了水的杯子就有了它更多的价值，这比杯子放在展示架上展示更有意义。其实，我们的人生道理也是一样的。

索福克勒斯是古希腊哲人，他说过这样一句话“上天绝不帮助坐而不动的人”行动就能为枯燥的“活着”带来更多的机会，因此，人生才会有那些曲折而美丽的风景。

伏尔泰在他的著作《哲学通信》中也对行动的价值进行了解释：“人生来是为行动的，就像火光总向上腾，石头总往下落。对人来说，一无行动，就等于他并不存在。”

虽然我们没有办法和世纪哲人的行动相比拟，但我们可以为实现自己的梦想而不断地努力。行动人生有两种境界：一是人生的行动，为了活着而行动，它记录了一个人的一生，这是人生的本能；二是行动的人生，为了梦想而行动，也就是这样使人生的价值得到了升华。

不要做思想的巨人，行动的侏儒。

很早以前，有一个和尚，决定要去南海。但他身无分文，而且去南海的路还很遥远。交通又极不方便。但他没有被这些困难所困扰，他只有一个信念，无论如何，我一定要到达南海。

所以，他便沿途化缘、一步一步地往南海的方向走去。路过一个村庄化缘时，他碰到一个比较有钱的人家。当看到这个和尚化缘时，有钱人便问他："你为什么到这里化缘呢？"

"我要去南海！"和尚坚定地回答。

听了和尚的回答，有钱人不禁哈哈大笑起来。"凭你也想到南海，我想到南海的念头已经有好几年了，但是还一直没有做好充分的准备。像你这样贫穷的人，还没到南海，就是不累死也会饿死的。我劝你趁早找个寺庙安安心心地过你的日子吧！"

和尚听了他的话，并没有动摇去南海的信念，固执地说："我迟早有一天会赶到南海。"

过了几年，和尚从南海返回了，他又到这个有钱人家里化缘，这个富人还没有为他的南海之行做好准备。

人们都知道这样一句名言："有志者，事竟成"。在我们现代的社会生活中，有许多人一直都在计划、梦想、等待、准备之中，蹉跎了无数岁月，仍然没有行动。缺乏动力的人永远只是一个可怜的空想家，虽然他好像一直都在准备、计划之中，但他明天、明年也许永远不会比今天、今年准备得更好、更充分。但他始终不明白这个道理，缺乏坐言起行的精神，最后又往往把自己的失败归咎于命运的安排。是的，看来他是"命"中注定要失败或者是碌碌无为了。要知道，天上不会掉下馅饼，天下更没有白吃的午餐，这句话很多人都听过。然而可悲的是，生活中终日沉迷于幻想之中，整

天做着春秋大梦，认为成功和馅饼是一样的，某一天会从天而降，降临到自己身上，像这样的人大有人在，真是很可笑，也很可怜。你知道什么样的人命中注定不会成功吗？其实这个答案是很简单的，因为那些都是只想不做的人。谁都知道，光是有梦想是远远不够的，要想成功，你必须有为自己的梦想，立下铁定追求到底的决心，并且采取实际的行动才会成功。

生活在21世纪的青少年，绝不能浑浑噩噩、碌碌无为，枉度青春。相信自己，只要努力就会有收获，只要不拖延时间，只要肯付出实际行动，就会成功。如果我们不想苟且度日，如果我们想走出山穷水尽的困境，就必须用实际行动证明自己的实力，只要行动，你就会成功。

朋友，你准备如何让自己的梦想得以实现呢?

感悟心得：

5.追逐梦想，追逐幸福

人的生活就好像是一盘棋赛，坐在你对面的就是“时间”。你只要犹豫不决，就会被淘汰出局。你如果马上采取行动，那你还有获胜的可能。如果你单独把一天所浪费的时间正确记录下来，可能会使你大吃一惊，如果你想知道那些不认真和“时间”下棋的人的命运，你可以看一下下面的文字，它是一个说出了一个最重要的失败原因的真实故事。

其中有一位棋手是“时间”，而另一位是“普通人先生”，我们不妨称呼他为“你”。“时间”老人一步步把“普通人先生”逼得无路可走，最后只有任由“时间”对他加以宰割。一个人会被自己的犹豫不决逼到无路可走。

精明果断是世界上一些领袖人物最大的长处。当拿破仑决定把

他的军队移向某一个目标之后他决不允许任何事情来改变他的这项决定。如果他的行进路线碰到了一道鸿沟——这是敌军所挖掘的，目的是要阻止他的前进——他依然会下令他的部队向前冲锋，直到沟中堆满了死人和死马，让他的军队能够从死人堆上走过去为止。

之所以有几百万人走向失败，是由于他们都犹豫不决。著名传道家比利山戴有一次说："犹豫不决是魔鬼最喜爱的工作。"只有下定决心并积极采取行动，才能得到你所要追求的东西，光是幻想，是不能够成功的。

世界金氏纪录保持人是一位女子保险从业人员，她一个人的业绩抵过800位营销员的业绩，这简直就是令人不可思议的。她在一天之内拜访十几位，甚至二十几位顾客，而有的业务员在一天之内还拜访不到两位呢，其中还有一位可能是重复的，是老顾客。以这样的销售量、这样的行动力，她一个人可以抵800个人的业绩，因为她行动的次数，比任何人都要多得多。别人比你成功是因为他尝试得比你多！有许多人都问成功学专家陈安之："陈老师，你是怎样成为成功学专家的？"他说："因为我失败的次数、摸索的机会比你多，我尝试错误的方法比你多，所以，我找到一些成功的窍门。你就是因为失败的次数还不够多，所以还没有办法知道成功的秘诀。"失败是教训，成功是经验。因为不敢行动，所以失败次数就多了。所以凡事立刻行动！立刻行动！马上行动！马上行动！现在就去做，千万不要放弃。如果你现在想到了任何一个念头，就马上去行动。

你如果在今天作出了决定，然后又在明天更改了决定，那你注定是要失败的。你如果不能肯定要向哪一方向前进，那最好闭上你的眼睛，在黑暗中前进，因为这样子也比你张开眼睛，而却毫无行动要好得多。

我们的生活道路有时平坦，有时崎岖，有时像清晨的春光般秀丽，让你愉悦、欢乐；有时又似暗夜抹上一缕云翳，使你悲痛、辛酸，给稚气纯真的回忆与憧憬染上斑驳的色彩。人生的道路虽然很漫长，但是最最真实的就是活在当下，活在今日。昨日已成过去了，不管是喜还是悲；明日却依然虚幻不实，而今天却是个真实的赠礼，它包含了现实的一切。只有那些把今天握在手里的人们，才是幸福的人！

人到这个世界上来只有一次，所以能做的好事现在就做；能给的帮助现在就给。无论是谁，让我们从现在起就开始做吧。不要拖延，也不要忽略，因为我们到这个世上只有一次。当你希望在促成什么事情的时候，就需要有勇气采取行动，否则，最终可能什么都是一事无成。我们总是悲叹人生太短暂了，但却从不懂得珍惜眼下的大好时光。我们的叛徒就是迟疑，由于我们畏惧尝试，它就使我们失掉了我们原本可能赢取的东西。

你所有对时间的价值取向，都决定着你一生的成就。为什么人总是到老了，才后悔我还没做这个，我还没完成那个。为什么不能趁着现在的大好时光，好好完成自己的任务呢？因为我们总喜欢等待，等我们退休了，我要……等我有了钱，我要……总是为自己的懒散寻找种种冠冕堂皇的借口。而结果呢，我们的一生就在这样的等待中蹉跎掉了，迎接我们的只有无尽的悔恨和悲叹，你到头来必定是什么都没得到的。

所以凡事都要马上行动！一旦作出最后的决策，就应立即毅然付出行动。而不要瞻前顾后，畏首畏尾。不要退缩，尽管你心存恐惧；不可徘徊，尽管安逸在向你弯腰。你要一直向前，向前，直到把自己的生命目标实现为止。

你如果犯了一项错误，这个世界将可能会原谅你，但是你如果还未作任何的决定，那这个世界可能就不会原谅你了。

无论是谁，无论是从事什么行业的人，都是在和时间下棋。你

都要移动你自己的棋子。迅速地移动棋子，“时间”将对你有利。如果你静止不动，“时间”就会把你从棋盘上除掉。你不可能每一步棋都下得很正确。可是，你如果下了很多步的棋，你或许可以获得良好的成绩，说不定还可以赢这盘棋呢。

只有付出行动才会产出结果。相信是不会有人来反对这句话的，下定决心是一回事，付诸行动又是另一回事了。

在宇宙中有着惯性的定律。你一旦把什么事情拖延了，那你就会总拖延，但你一旦开始行动，通常就会一直做到底，行动就是凡事成功的一半，第一步是最重要的一步，行动不是第二秒开始的，而是从第一秒开始的。

只要你从早上睁开眼睛那一刻就开始，马上行动起来，而且一直行动下去，对每一件事都要告诉自己立刻去做。那么你就会发现，你整天都充满着行动力的感觉，这样只要你持续三个星期，那你就可能养成了马上行动的好习惯。

所以，你就不要再多想了，再想也没有用了，去行动吧！任何事情想到就去做！放下书本，现在就做！去行动！

你只有行动起来，只有这样，才能和成功越来越接近，你才不会错过成功的种种机会，抓住好的机会，就如同搭上一辆顺风车，能让你追求的成功过程更加顺利。

拖延是成功的大敌，行动是成功的源泉。“趁热打铁”和“趁阳光灿烂的时候晒干草”是两句充满智慧的俗语，这两句话真的是太有道理了。

注意到自己在什么时候比较懒散倦怠的人是极少数的。有的人是在晚饭后，有的人是在午饭后，还有的在晚上 7 点钟以后就什么都不想干了。在一天的生活中，每个人都会有一个关键时刻，如果这一天不想白过的话，千万不要浪费掉这个时刻。对大多数人而言，一天会不会过得充实的关键往往是早上的几小时。

在亨利面前，有些人曾称赞麦亚尼具有高超的技巧和勇气是多么难得。“你说得很对，”亨利说，“他是位了不起的将军，但是我总是比他早5个小时。”每天早上，亨利都是4点钟起床，而麦亚尼上午10点多钟起床。他们两个人之间的差别也就在此。

凡事等待明天，这是人生最昂贵的代价之一。

“明日复明日，明日何其多，我生待明日，万事成蹉跎。”我们生命中最最重要的一天就是今天；只有今天才是我们生命唯一可以把握的一天；只有今天才是我们可以用来超越对手，超越自己的一天。

希望永远都在今天，希望就在现在，所以不要把希望寄托在明天。现在就要开始行动，即使失败，也比坐以待毙要好。

现在就要行动，现在就要行动，现在就要行动……从此，我要不断重复这句话，每小时，每一天，直到这句话像呼吸一样成为我的习惯，而随之而来的行动将像眨眼一样成为我的本能。我要用这句话规范我的思想，完成实现成功所需要的每一项工作，迎接失败者避而远之的每一项挑战。

清晨醒来，当失败者流连床榻时，我要默念着这句话开始行动；当失败者踌躇不前，害怕拒绝时，我要默念着这句话迎接我今天的第一个顾客；

面对紧闭的大门，失败者满怀担心和忧虑在门外等候时，我要默念着这句话上前叩响门环；

面对懒惰和安逸的诱惑时，我将默念着这句话远离堕落的深渊；当我今天想要放弃等明天再重新开始时，我要默念着这句话继续今天的下一次努力。

立即行动！我们只有采取行动才能使我们的梦想变成现实。

是什么在追我？是时间在追我。行动起来！

追求属于自己的幸福！幸福还有多远？

朋友们，你们说呢？

感悟心得：

6.做你所爱，爱你所做

爱因斯坦曾经说过：“我认为对于一切情况，只有“热爱”才是最好的老师。”

的确如此，“做你所爱，爱你所做”，那你这辈子就没有必要再学习工作了。也许有人会说，天下哪里有这么好的事情，茫茫人海，有几个人能把自己的兴趣爱好与学习相结合。大部分人都是为了能够考一个好成绩而学习，并不是出于个人爱好。那么你就想错了，每个人在内心深处除了成绩以外，还需要成就感、幸福感。实际上成绩只是成就的一部分，如果你会为成就感而工作，你就会超出一般人，你就会逐步走向成功。

放学了，一个中学生还在教室计算着什么。当老师走过来时，年轻人说：“真是对不起，现在的事是出在我自己身上的。我现在是想除了获得一个好成绩外，再学一点别的东西，而你这里就是一种开始学习的好地方。”

老师说：“不过我觉得恐怕你是太寂寞了。像这样的春天的晚上，大多数的同学是想出去玩玩的。”但是这位中学生并不寂寞，他利用别人休息的时间在拼命地学习着，并且为自己积累着成功经验。不管这位同学是为了追求成就感还是由于当时他很喜欢通过努力学习获得一个好成绩，他都是因为自己的兴趣才选择这样做的。如果是以受罪的感觉去学习，或是借机想引起同学或老师的注意，博取他们的同情或称赞，那么学习就不会有什么大的成就。大凡成功的人都是因为自己的爱好而投入工作与事业中的。

热爱是一种智慧，也是一种态度。许多事业有成的人都是对工作非常热爱、非常投入的人。

作为青少年学生，要想取得成绩，就得全身心地投入到你的学习之中去。有研究表明，如果一个人对学习的积极性高，就能发挥出全部才能的80%~90%；如果一个人对学习没有兴趣，就只能发挥出20%~30%的才能。试想一下，一个连自己的天职都不热爱的人能够作出一番成绩来吗？当然，学习不单单是课堂上老师所教授的内容，而且还有其他的因素在里面，包括工作。

热爱自己的工作和事业是很重要的。不论事业大小、收入多少，热爱，有兴趣才会让你有幸福感。否则，收入再多，事业再大，你有可能把它看成是一种受罪。

非洲的某个土著部落迎来了从美国出发的旅游观光团。部落中有一位老人，正悠闲地坐在一棵大树下面，编织着草帽。编完的草帽，他会放在身前一字排开，供游客们挑选购买，造型别致，而且颜色搭配得非常巧妙。那种神态真的让人感觉他不是在工作，而是在享受一种美妙的心情。

一位精明的商人心想："这样精美的草帽如果运到美国去，至少能够获得10倍的利润吧。"

商人对老人说："假如我在你这里订10000顶草帽的话，你每顶草帽给我优惠多少钱呀?"他原以为老人会非常高兴，可没想到老人却皱着眉头说："这样的话啊，那就要20了。""为什么?"商人冲着老人大叫。老人讲出了他的道理："在这棵大树下没有压力地编织草帽，对我来说是一种享受。可如果要我编10000顶一模一样的草帽。我就不得不夜以继日地工作，疲惫劳累成了精神负担。难道你不该多付我些钱吗?"

当学习与工作成为一种循环往复的单调，确实会令人觉得乏味。只有当工作成为自己的兴趣所在时，学习与工作才会是一种美好的享受，才能找到一种幸福的感觉。

由此可见，一个人在学业与事业上能否取得成功和自己的兴趣有着极为密切的关系。如果你做的是自己喜欢的事情，那么，你的内心就会充满快乐与激情。如果你所做的是自己丝毫没有兴趣的事情，那么你将会永远生活在痛苦之中。

詹姆斯·巴里说过：“幸福的秘密不在于做你喜欢的事，而在于喜欢你所做的事情。”渴望成功的人们，请努力去寻找自己喜欢做的事情，并且努力去做好它。那么，你的人生将会拥有另一片辉煌的景观。

人们常说：“兴趣是最好的老师”，喜欢你所做的事情无疑是最快捷并且有效的。给自己一个美好的兴趣，为自己打造一个充满希望的幸福未来。

亲爱的青少年朋友们，你现在做的事情是否是你喜欢的呢?

感悟心得：